현대 한국인의
노후 돌봄

유교적 가치와 가족적 및 사회적 돌봄

Care and Services for Korean Seniors in Later Years

Confucian Values and Roles of the Family and the Large Society

Kyu-taik Sung
Center for Filial Piety Culture Studies
Socio-Economic Society, Inc.
Seoul, Korea

Korea Studies Information Company, Ltd.
Republic of Korea

현대 한국인의
노후 돌봄

유교적 가치와 가족적 및 사회적 돌봄

성규탁 지음

급속한 산업화와 도시화로 인하여 가족 안팎의 커다란 변동이 연속되었다. 이 대변동에 잇달아 노부모를 애정과 존중으로 돌보는 효(孝)의 가치가 흐려지고 약화되는 조짐이 보인다.

이러한 시대적 도전에 부딪힌 우리는 오랜 세월 동안 이어져 오는 이 전통적 가치를 다시 밝혀 실행하려고 끈질기게 노력해 나가고 있다. 즉 외래적(外來的) 변인으로 인해 발생한 변화에 대응하며 고유한 가치를 지속해서 발현하기 위해 에너지를 투입하고 있다.

이 시대적 변화에 대응하는 노력이 가족을 중심으로 하는 노부모 돌봄과 국가 주도의 고령자 돌봄에서 역력히 드러나 보인다.

[주: '고령자'라 함은 나이가 들어 사회적, 심리적 및 생물학적 기능이 다소간 저하되고 있는 분들을 말한다. '노인'과 같이 비하적이고 부정적인 뜻이 들어 있지 않으며, 나이가 든 분들을 광범위하게 지칭한다. 국제노년학·노년의학협회(IAGG)는 'the elderly', 'seniors', 'the aged'의 용어들을 가장 흔히 사용한다. 이 용어들에는 '고령자'와 유사하게 중립적이며 존중의 뜻이 스며들어 있다.]

우리 겨레의 노부모를 존중과 애정으로 돌보는 사상은 긴 역사적 흐름으로 이어져 왔다. 이 사상적 흐름은 홍익인간(弘益人間) 이념에서 발원되어 고려와 조선에서 포교된 불교의 자비(慈悲)와 유교의 인(仁)을 거쳐 근세 동학의 인내천(人乃天), 그리고 근대에 선교된 기독교의 박애(博愛)에 이르는 인간애와 인간 존중의 사상적 맥락을 이루고 있다. 우리의 가족은 이러한 맥락에서 노부모를 비롯한 고령자를 온정과 존중으로 돌보는 안식처로 기능해 왔다. 하지만 미증유의 대변동으로 가족의 노부모 돌봄 기능이 약화되는 추세가 엿보이고 있다.

이 변화에 잇달아 노부모를 포함한 고령자를 위한 돌봄은 성인 자녀와 사회복지 실천자, 정책 수립자 및 연구자가 다루어야 할 중차대한 시대적 과제로 드러났다. (이하 노부모와 일반 고령자에게 공통으로 적용되는 사항에 대해서는'노부모·고령자'로 표기함.)

이런 추세를 보고 어떤 사람은 우리 사회가 비인도적인 사회로 변질되고 있다고 걱정할 것이다. 그러나 우리의 사회 현실을 들여다보면 가족 중심으로 제공되는 돌봄(이하 '가족적 돌봄')은 여전히 노부모를 존중과 애정으로 돌보는 으뜸가는 힘이 되고 있다. 이러한 돌봄은 서로 돌보는 소문화를 간직하는 가족이라는 소집단이 제공한다(김미혜 외, 2015; 김영범, 박준식, 2004; 손인수, 1992). 이 소집단은 원초집단(The primary group)(Cooley, 1998; Andersen & Taylor, 2010)의 특성을 간직한다. 즉 가족, 가까운 친구와 이웃, 상조 집단, 교회 모임 등이 친밀하고, 인간적이고, 지속되는 관계를 유지하며, 서로에 대한 사랑과 관심을 가지고 상호 소통하며, 돌봄과 지지를 하고, 규범을 지키면서 공동 활동을 한다.

오늘날 이러한 가족 중심적 돌봄을 제공하는 소집단의 커다란 과제는 우리가 이어받은 인간 존중과 인간애의 가치를 발현하며 노후의 부모님을 돌보아 드리는 일이다. 해가 갈수록 이 과제는 그 필요성과 심각성이 더해가고 있다. 고령 인구가 늘고, 저출산으로 가족원 수가 줄고, 다수 성인 자녀들이 부모와 떨어져 살고, 독거 고령자 수가 늘어나고, 자살 고령자 수가 줄지 않으며, 고령자를 위한 가족 안 및 바깥 돌봄의 필요성이 더해감에 따라 이분들의 노후 삶의 질을 높이면서 인간 중시적으로 돌보는 일은 긴요하고도 무거운 국가·사회의 과제로 드러났다.

노부모 돌봄과 시대적 변화

우리는 전통적 노부모 돌봄의 가치와 관행을 유지하려는 노력과 새 시대의 변화에 적응하려는 움직임이 동시에 진행되는 전환기적 소용돌이 속에서 살고 있다.

인류사회에서 세대가 바뀜에 따라 새 세대는 사회적으로 변화를 가져온다. 새 세대는 전통적인 문화적 환경의 영향을 받지만 새로운 사회 환경에서 자라나면서 구세대와 다른 시각과 의식을 가지고 기존 사회질서를 개혁 내지 수정하려는 성향을 지니게 된다(Bengtson, 1989; 송복, 1999).

하지만 가족적 부모 돌봄(효)의 전통을 중시하는 구세대의 타성은 가시지 않고 있다. 구세대는 전통을 고수하며 안정된 사회질서를 유지하려는 사회적 내지 집단적 노력을 한다(신용하, 2004; Palmore & Maeda, 1985). 그렇기에 노부모·고령자 돌봄에서도 문화적 전통과 사회질서의 변화를 연계해서 생각할 필요가 있다.

산업화는 우리에게 풍요한 생활을 가져왔지만, 가족과 노부모 간의 관계를 불안정하게 하며 가족의 노부모 돌봄 능력을 약화하는 변화를 자아내고 있다. 역사상 전례가 없는 도전이 우리에게 가해지고 있는 것이다.

이러한 새 시대의 도전에 부딪혀 노부모·고령자는 가족 중심으로 제공하는 가족적 돌봄뿐만 아니라 국가(중앙 및 지방 정부)가 주도하고 NGO(비영리적 공익단체) 등 사회적 돌봄 조직들이 제공하는 가족 바깥 공동사회에서 제공하는 돌봄(이하 '사회적 돌봄')을 또한 필요로 하고 있다.

국가는 전통적 부모 돌봄의 가치를 받들어 경로 효친을 여행하는 법을 제정하고 사회보장 및 공공부조 제도를 통하여 기초적 돌봄을 지정된 고령자에게 제공하고 있다. 하지만 국가는 위에 지적한 원초 집단의 특성을 바람직하게 발현하기가 어렵다. 더욱이 급속한 고령화로 인하여 보편적 고령자 돌봄을 증진하는 데 필요한 재원을 충분히 갖추지 못하고, 새 시대 한국의 문화적 맥락에 알맞은 고령자 돌봄 방법을 발전적으로 정립할 충분한 시간적 여유를 갖지 못했다.

위와 같이 오늘날 가족과 국가는 각기 노부모·고령자를 돌보는 데 어려움을 겪고 있다. 하지만 가족과 국가는 새 시대의 필요에 따라 상호 보완적 돌봄 기능을 수행하며 공동의 목적 — 노후의 부모·고령자 복지 — 을 지향해 나가야 한다.

이 책은 문헌 섭렵과 자료 분석을 통하여 새 시대의 노부모·고령자를 위한 가족 중심의 돌봄과 국가 주도 돌봄의 실상을 사례를 들어 비교·분석하고, 이 두 가지 돌봄을 촉진하는 복합적 요인들을 탐색하며, 노후의 부모·고령자를 위한 돌봄을 바람직하게 실행하는 방안을 구상, 제안하고자 한다.

'제1부'는 한국인의 전통적 인간 중시적 가치, 경로 효친을 촉진하는 국가의 법(法), 가족적 돌봄의 기틀인 부모 돌봄, 한국적인 가족적 돌봄과 새 시대의 사회적 돌봄의 개요, 두 가지 돌봄을 연계할 필요성, '제2부'는 가족적 돌봄의 속성과 실례, 인간 중시적 돌봄, 고령자에 대한 존중, '제3부'는 확장되는 사회적 돌봄의 속성과 실례, 인간화의 필요, '제4부'는 두 가지 돌봄의 공통성과 연계 방법, 사회서비스의 활용, 돌봄 서비스의 도덕성에 대해 논의하고, 장래 조사를 위한 제안을 한다.

| 목 차 |

제4부 :: 전통, 변화 및 적응

제1부

::

노부모 돌봄

1. 인간을 중시하는 전통적 가치

노부모·고령자 돌봄은 한국의 문화적 맥락에서 실행된다. 문화와 밀접히 연계된 것은 가치(價値)이다. 즉 그 문화 속에 사는 사람들이 중요하다고, 바람직하다고, 올바르다고 믿는 것이다(고범서, 1992; Manheim & Simon, 1977). 이런 문화적 가치는 노부모·고령자 돌봄에 커다란 영향을 끼칠 수 있다(한경혜, 성미애, 전미정, 2014; 이순민, 2016; 성규탁, 2017).

노년학의 석학 G. Streib(1987)는 문화적 가치 면에서 중국인과 미국인 사이에 고령자를 대하는 데 차이가 있음을 발견하였다. 그는 중국 문화에서는 고령자에 대한 존경을 자동으로 표현하며 미국 문화에서보다 고령자를 더 중시하며 더 잘 대우한다고 했다. 일본에서 태어나 그 나라 문화에서 생활한 노년학의 석학 E. Palmore(1989)는 일본 문화에서는 어른 존경의 가치가 사회구조 속 깊이 스며들어 있다고 했다. 특히 부모와 자녀, 선생과 제자, 선배와 후배 관계 그리고 조상숭배에서 그러하다는 것이다. 이러한 연구 보고는 우리의 문화적 맥락에도 거의 그대로 적용된다고 본다. 한국에서는 일본과 중국의 경우와 같이 어릴 때부터 부모, 선생, 어른에게 정중하고 예의 바르게 행동하도록 사회화, 교육되고 있다(김형태, 2008; 성규탁, 2013).

근년에 고령자 돌봄과 관련된 전통적 가치를 높이기 위해 한국, 일본, 중국, 대만, 싱가포르를 비롯한 동남아 지역의 중국인 사회에서 정부와 민간이 합동하여 경로 활동을 하고 있다. 고령자 존중을 위한 사회운동, 고령자를 위한 각종 사회서비스 제공, 노인의 날과 노인 존경 달의 실시, 노인복지법과 부모부양책임법의 제정, 효행상

시상 등은 그 보기이다. 모범적으로 효도한 사람들에 대해 매스컴과 교육·문화기관을 통해 보도되고 있다. 이러한 활동은 고령자를 존중하며 돌보는 동아시아의 유교 문화적 가치를 재조명, 강조하려는 노력과 의욕을 반영하는 것으로 본다.

한국의 젊은이의 다수는 부모를 존중하며 일본과 중국의 다수 젊은이도 역시 부모를 존중하는 경향임을 경험적 자료는 입증하고 있다(Sung & Yan, 2007; Sung & Hagiwara, 2009; 성규탁, 2017).

이 경향은 동아시아 3국(한국, 중국, 일본)이 가진, 노부모·고령자를 존중하며 돌보는 공통적인 인간 중시적인 문화적 성향을 반영한다고 본다. 이러한 유교 문화적 성향에 곁들어 인간을 존중하는 우리는 한국인 특유의 역사적인 가치를 간직한다. 그것은 홍익인간 사상에서 발원하여 불교와 유교를 거쳐 동학과 기독교에 이르는 인간 중시 사상의 줄기찬 흐름이다.

홍익인간사상

우리의 사람을 존중하는 사상은 건국신화 정신이 표상하는 홍익인간(弘益人間) 이념에서 발원한다. 이 이념은 보편적으로 사람을 사랑하고 존중하며 모든 인간의 이익과 번영을 추구하는 것이 그 근본정신이다(최문형, 2004: 27; 손인수, 1992: 362).

[주: 홍익인간 사상을 인류공영(人類共榮)이라는 뜻에서 민주주의의 기본정신에 부합하며, 유교의 인(仁), 불교의 자비(慈悲), 기독교의 박애(博愛) 정신과 상통하는 전 인류의 이상으로 보고, 한국의 교육 이념으로 삼아 교육법 제1조에 그 조문을 설정해 놓았다(법률

4879호 교육법)(최문형, 2004: 336-348; 손인수, 1992; 354-375).]

불교의 자비

불교가 고창하는 자비는 순수한 인간애, 즉 사랑이다. 내 가족과 국가를 초월한 모든 것에 미치는 사랑이다. 사랑의 가장 뚜렷한 예를 부모와 자녀가 서로에 대해 품는 애정을 들어 가르쳤다.

특히 불교의 비(悲)는 생명에 대한 무조건적인 존중을 나타낸다(최문형, 2004: 347; 권경임, 2009). 모든 생명을 차별 없이 존중하는, 인간 중시 사상을 기본으로 하는 이타적 실천을 가르치고 있다(최문형, 2004: 347).

유교의 인

조선 유학의 대표적 인물이며 우리의 가족 윤리에 커다란 영향을 끼친 퇴계(退溪 李滉)는 인(仁)을 기본으로 한 인간애 및 인간 존중의 가치를 측은지심으로 실현할 것을 가르쳤다(이상은, 1965; 박종홍, 1960).

이 가르침은 퇴계의 인(仁)에 대한 다음 말에 담겨 있다.

> 천지에 있으면 한없이 넓은 만물을 낳는 마음이요, 사람에게 있으면 사람을 사랑하고 이롭게 하는 따뜻한 마음 — 측은지심 — 을 포괄하고, 이것이 발하여 사랑과 공경의 정(情)이 된다. (이황, 『성학십도』, 「인설」)

퇴계의 측은지심(惻隱之心)의 마음가짐은 다음 말에 담겨 있다.

천하의 파리하고 병든 사람, 고아와 자식 없는 노인, 홀아비와 과부는 모두 내 형제 가운데 어려움을 당하여 호소할 데 없는 자이다(김형오 외, 1997: 123).

이 말은 어려운 사람들 — 사회적 약자 — 은 모두가 나와 함께 공동사회를 이루는 형제로서, 이들을 이타적인 측은지심으로 사랑하며 돌보아야 함을 뜻한다. 퇴계는 특히 부모를 존중하는 것이 가장 중요한 효행이라고 가르쳤다(이황, 『이황, 퇴계집』, 2003: 22, 89-94; 『논어』, 2, 7; 『효경』, 2 천자장; 『예기』, 「제의」).

동학의 인간관

동학의 인간관은 인내천(人乃天)과 사인여천(事人如天)에서 드러난다. 인내천에서 인간 존엄성을 높이 받드는 사상을 찾을 수 있다(유영익, 1992). 천(天)은 가장 높은 가치 체계, 즉 도덕과 윤리를 이룩하는 원리이며 이상이다. "인간이 곧 천이다." 즉 사람 섬기기를 하늘을 받드는 것처럼 하라는 이 말은 인간적 가치를 높이는 것을 최고의 규범으로 삼고 있다(최문형, 2004). 이어 최시형의 사인여천(事人如天)의 만민 평등 윤리는 시천주에서 일보 전진하여 인간 중시의 윤리적 원리를 고양하였다.

기독교의 박애

근대에 포교된 기독교는 특히 고령자 존경에 대해 매우 엄중하게 가르치고 있다(윤성범, 1975). 기독교의 십계명 가운데 "네 부모를 공경하라 그리하면 하나님이 네게 주신 땅에서 오래 살리라."라는 절은 매우 엄하고 무거운 가르침이다. 그리고 성서의 레위기(19:3)에는 "너희 각 사람은 부모를 경외하라."라는 절이 있다. '경외'(敬畏)는 하나님에게만 사용되는 말씀이다(김시우, 2008, 54-55). 부모를 하나님 다음으로, 아니 하나님과 거의 같게, 공경해야 하는 존재로 받든 것이다.

위에 서술한 바와 같이 홍익인간 이념에서 기독교 교의에 이르기까지 한국인의 인간을 존중하고 사랑하며 공동체의 복리를 추구하는 사상의 줄기찬 흐름이 이어진다.

우리 사회에서는 위와 같은 장구한 인간 중시적 사상의 흐름으로 이루어진 문화적 맥락에서 노부모·고령자 돌봄이 실행되고 있다.

2. 국가의 법(法)으로 규정된 경로 효친(敬老孝親)

국가는 노인복지법(법령 제3453호, 1981년 공포) 제정하여 시행하고 있다. 이 법은 노인이 존중받고 건전하고 안정된 생활을 보장받아야 함을 규정하고(제2장), 경로 효친의 미덕에 따른 건전한 가족제도를 유지, 발전토록 하며(제3조), 고령자의 복지를 증진하기 위한 시책을 강구, 추진해야 함(제4조)을 규정하였다. 아울러 '노인의 날'(10월 2일), '경로의 달'(10월), '어버이날'(5월 8일)을 설정하여 고령자와 노부모에 대한 사회적 관심과 공경 의식을 높여 효 사상을 함양해야 함을 규정하였다(제6조).

이 법에 연이어 효행 장려 및 지원에 관한 효행장려법(법령 제

15190호, 2017년 공포)을 제정하였다. 이 법은 국가와 지방자치단체는 영유아 때부터 효 교육을 하고, 사회복지 시설 등 공공시설에서 노부모 고령자 부양 및 지원을 하며, '효의 날'을 제정하여 효행을 장려, 실행할 것을 지령한다.

이와 같이 국가는 가족, 사회, 국가를 위해서 기여한 고령자를 존중하여 효를 실행하고 이분들을 위해 합당한 돌봄을 제공해야 함을 법으로 규정해 놓았다. 이로써 노인복지 및 효행 장려를 해야 할 국가와 시민의 책임이 천명된 것이다. 이와 유사한 법이 일본, 중국, 대만, 싱가포르 등 동아시아 나라들에서도 시행되고 있다. 고령자 존중 및 효행 장려를 법률로 권장, 촉진하는 동아시아 나라들의 문화적 특성을 나타낸다.

우리 정부의 사회적 고령자 돌봄을 위한 정책 및 프로그램은 위와 같은 경로 효친을 촉진하는 법의 취지에 따라 실행된다고 볼 수 있다. 따라서 국가와 함께 국민 개개인도 이 법을 준수할 책임이 있다고 본다.

이 법적 규정에 따라 행하는 사회적 돌봄은 노부모·고령자를 타율적으로 돌보는 것이다. 이 타율적(他律的) 돌봄은 마음에서 우러나는 친밀감과 존중, 애정, 측은지심으로 행하는 가족 중심의 자율적(自律的) 돌봄과 다를 수 있다. 제3부에서 이러한 차이점에 대해서 논의한다.

위에 거론한 타율적인 사회적 돌봄과 자율적 돌봄은 다 같이 전술한 국가의 경로 효친을 촉진하는 법에 준거해야 하며 아울러 홍익인간에서 발원한 전통적 인간 중시적 가치를 받들며 실행되어야 할 것이다.

[주: 중국은 노인권익보장법이 제정되어 있다. 이 법 18조는 부모

와 별거하는 자녀가 부모를 자주 방문하고 안부를 물어야 하며, 고용주는 피고용인이 부모를 방문하는 데 편의를 봐주어야 한다는 성인 자녀와 사회의 책임을 규정해 놓았다.]

3. 노부모 돌봄: 가족적 돌봄의 기틀

우리는 효(孝) 이념에 바탕을 두고 부모를 돌보는 전통을 여러 세대에 걸쳐 간직해 온 민족이다(류승국, 1995; 지교현, 1988). 비교적 좁은 지리적 공간에서 같은 언어와 문화적 유산을 이어받은 동질적인 인종으로서 오랜 세월 전쟁과 재해를 함께 극복하면서 하나의 운명 공동체를 이루어 왔다.

이러한 배경을 간직한 가족과 국가는 노부모·고령자를 돌보는 노력을 제각기 해나가고 있다. 이 노력의 저변에는 중요한 가치적 바탕이 깔려 있다. 그것은 노부모와 고령자를 존중, 애정, 측은지심으로 돌보는 효의 가치이며 더불어 우리가 이어받은 전통적인 인간 중시적 가치라고 본다.

효는 우리의 문화적 규범이며 이에 준거하여 노부모를 대하는 태도와 행위가 조정되고 이의 도덕성이 판정된다. 이 규범은 오늘날 산업사회에서도 여전히 통용되고 있다. 다만 시대의 변화에 따라 이를 새 세대가 준수하는 강도가 변하고 실행하는 방식이 수정, 변화하는 것이다.

동아시아의 민족들 — 한국인, 중국인, 일본인 등 — 은 유교 문화의 영향으로 가정생활 및 사회생활 양식에서 비슷한 점을 공유하고 있다(Chow, 1995; Koyano, 1996; Sung, 2001). 그리하여 산업화가 고도로 진행된 일본은 고령자를 존중하는 효의 전통을 지속하며, 사회주의 체제하의 중국은 효행을 법으로 규정하고, 한국에서도 경로효친을 법제화하였다.

동아시아 전역에 걸쳐 산업화 과정에서 부모 자녀 관계에 변화가 일어나고 있는 것이 사실이다. 그러나 유교 문화권에 속하는 이 지역에서 효에 뿌리를 둔 가족관계를 비롯한 인간관계의 도덕적인 가치와 규범이 근본적으로 달라졌다고는 할 수 없다. 오히려 가족은 전통적 가치를 보존하면서 변화에 적응해 나가고 있는 것이다.

이는 문화적 저항(文化的 抵抗) 현상이라고 볼 수 있다(Cogwill & Holmes, 1972). 즉 산업화에 따른 사회구조의 변화 속도에 비해서 노부모 돌봄 기능이 빨리 변하지 않고 있는 현상이다. 이 기능이 이렇게 느리게 변하는 것을 보아 한국을 비롯한 동아시아 사람들은 앞으로 상당 기간 서양 사람들과는 다르게 노부모·고령자를 돌보아 나갈 것으로 본다.

노부모 돌봄의 가치적 기틀

노부모 돌봄은 인류 역사상 변함없이 가족이 이루어 온 도덕적 관행이다. 이러한 가족의 노부모 돌봄(효)은 오늘날 국가의 사회복지 체계의 귀중한 자산이 되고 있다. 국가가 가족이 노부모에게 제공하는 돌봄의 일부분만을 더 많이 대행한다고 해도 막대한 국가 재원을 투입해야 하고, 재정적 어려움을 겪게 될 것이다. 국가는 노부모 복지를 위한 사회적 돌봄을 확대하고 있지만, 가족은 여전히 국가보다도 더 많이 노부모에게 정서적 및 수단적 돌봄을 인간 중시적 가치를 발현하며 제공하고 있다.

노부모 돌봄은 고령의 아버님과 어머님을 돌보아 드리는 것이다. 우리 겨레는 전통적으로 부모 돌봄은 사람이 해야 할 가장 중요한 과업이며, 모든 착한 행동의 으뜸이고, 사람의 올바른 행동과 생활의 기본이라고 믿어 왔다(류승국, 1995; 박종홍, 1960).

이러한 믿음은 퇴계의 가르침에서 드러난다(이황, 『퇴계집』, 2003; 22, 89-94). 퇴계는 어진 사람은 어버이 섬기기를 하늘을 섬기는 것과 같이하며 다음과 같은 마음가짐으로 행한다고 하였다(이황, 『퇴계집』, 2003: 153).

> 남을 사랑하고 이롭게 하는 따뜻한 마음으로서 사람의 마음속에 담겨 있는 인(仁, 넓은 사랑)이 발하여 사랑하고 존중하는 마음이 되며 이 마음에는 측은지심이 한결같이 통한다(이황, 『성학십도』, 「인설」).

이 가르침은 인간애와 인간 존중 그리고 측은지심(惻隱之心)으로 발현되는 인간 중시 가치를 따라서 사람을 돌보아야 함을 역설한 것이다.

[주: '측은지심'은 남이 배고프면 그에게 먹을 것을 주려 하고, 남이 물에 빠지면 건져내려 하고, 남의 기쁨을 자신의 기쁨으로 여기며, 대가를 바라지 않고 저절로 남을 존중하는 마음으로서 인을 발현하는 것이다.]

퇴계는 나아가 위와 같은 인의 마음으로 행하는 부모 돌봄은 자녀에 대한 돌봄과 긴밀하게 연계되어 있음을 가르쳤다.

부모가 자녀를 사랑하며 돌보는 것을 자(慈)이고, 자녀가 부모를 존중하며 돌보는 것은 효(孝)이다(이황, 『퇴계집』, 「무진육조소」: 91).

이어 퇴계는 자(慈)와 효(孝)의 두 가치의 상호 관계를 다음과 같이 밝혔다.

자와 효의 도리는 인간이 본디 가지는 천성(天性)에서 나온 것으로서 모든 착함의 으뜸이니, 그 은혜가 지극히 깊고, 지켜야 할 도리로서 지극히 무거우며, 그 정(情)이 가장 절실하다(이황, 『퇴계집』, 「무진육조소」; 금장태, 2001: 231).

대유학자 율곡(栗谷 李珥)도 같은 가르침을 남겼다.

남의 아버지가 된 자는 그의 자녀를 사랑할 것이요, 자녀는 부모 은혜를 잊지 않고 효를 해야 한다(이이, 『율곡전서』, 권27, 「擊蒙要訣」).

위와 같이 두 거유(巨儒, 대유학자)는 다 같이 가족을 중심으로 부모와 자녀는 서로 친밀하게 사랑하고 존중하며 서로를 돌보아야 할 책임이 있음을 가르쳤다.

부모 자녀간 호혜적 관계

인간 사회에서 돌봄을 주고받는 호혜적 관계를 이루는 시초이자 원점이 바로 부모와 자녀의 관계이다(이황, 『성학십도』; Becker, 1986).

부모 자녀 관계에 대해 사회학자 최상진(2012: 253)은 다음과 같이 설명하였다. 부모와 자녀가 혈통(핏줄)을 같이함으로써 자연적으로 발생하는 인정(사람의 정)은 처음에는 부모로부터 시작되나, 성장하면서 사회화되는 과정에서 자녀는 부모를 중시하는 심정을 간직하게 되고, 이어 이러한 심정은 부모 자녀 간에 정을 주고받는 식으로 교환되며 이 교환은 점차 강화된다. 이 과정에서 자녀는 노부모에 대한 단순한 정과 친밀감의 차원을 넘어 고마움, 송구함, 안타까움 등을 느끼는 동시에 보은 의식(은혜를 갚고자 하는 마음)을 갖게 되며, 한편 부모는 자녀에 대해 측은지정과 더불어 친밀감으로 충만한 혈육 의식을 가지게 된다.

부모 자녀 관계는 이러한 자연적이고 끊을 수 없는 깊은 정을 바탕으로 하는 감정적 유대로 이루어진다. 이런 특수한 관계에서도 부모와 자녀는 서로가 마땅히 지켜야 할 규범을 따른다. 이 규범의 대표적인 것이 퇴계가 역설한 서(恕)이다(퇴계집, 차자, 인설) 즉 "내가 원하는 것은 남에게 한다.", "내가 서고자 하는 데 남을 세운다."라는 정신이며 인(仁)을 실행하는 방법이다.

부모와 자녀 간에도 이러한 서의 관계가 적용됨은 말할 것도 없다. 자녀는 부모에게 그리고 부모는 자녀에게 서로 도움이 되는 것, 서로 바라는 것, 서로 바람직하다고 보는 것을 자진해서 너그럽게 주고받는 것이다. 도움을 주고받는 인간 중시적인 호혜적 관계이다. 이 관계의 저변에는 서로가 돌봄을 주고받아야 할 책임이 깔린 것이다.

부모 돌봄과 가족

가족의 형태가 핵가족으로 변하였지만 우리는 아직도 확대가족의 의식 속에서 살고 있다(최재석, 1982; 신용하, 2004). 상호 의존하면서 서로 돌보는 핵가족들(부모의 핵가족, 아들의 핵가족, 딸의 핵가족, 손자녀의 핵가족들)의 연합으로 이루어진 소위 수정된 대가족

구조가 형성되어 기능하고 있다(이광규, 1990; Litwak, 1985).

한국인은 집을 중심으로 하는 가족 의식을 간직하고 있다. 이런 의식이 내재화하여 가족구성원 간의 상호 의존도가 높으며 서로 돌보는 친족관계를 이룬다(송성자, 1997; 손인수, 1992).

하지만 노부모를 위한 돌봄 기능을 수행하지 못하는 가족이 늘고 있어 이 기능의 일부를 국가·사회가 대행하고 있다. 그러나 국가는 가족의 복지 욕구를 약간만 더 충족하는 데에도 막대한 자원이 소요될 것이다. 이렇기 때문에 국가는 가족구성원의 사생활과 자결권을 침해하지 않는 범위 내에서 제한적인 돌봄을 주로 생활이 어려운 고령자에게 제공해 나가는 실정이다.

이러한 맥락에서 가족의 노부모 부양을 활성화, 증대해야 한다는 공론이 조성되고 있다. 선진 복지국가에서는 오래전부터 이러한 공론이 확산되고 있다(The Beverage Report, 1942; Doty, 1986). 사실 한국에서는 대다수 고령자를 (국가가 아니라) 가족이 효의 가치와 관습에 따라 돌보고 있다. 과거보다 약화되었다고 하나 대다수 가족이 노부모 돌봄에 대한 책임을 저버렸다는 증거는 없다.

많은 가족은 노부모의 사회복지 욕구의 대부분을 친족관계라는 일차적 사회관계의 망을 통해 충족하고 있다. 이 사실은 가족주의가 여전히 작용하고 있으며 상호 부조하는 친족관계가 유지되고 있음을 시사한다. 즉 혈연을 근거로 하는 친족망을 통한 상호 부조 활동이 전개되고 있다. 전통적 가족주의가 우리의 생활 깊숙이 스며들어 있음을 알 수 있다.

국가는 경로 효친을 촉진하는 법을 시행하지만, 사회보장 체계를 개발하는 과정에 있어 충분한 사회적 돌봄을 고령자에게 제공하지 못한다. 더욱이 가족과 같이 이분들을 애정, 존중, 책임, 희생으로 감정적 유대감을 가지며 인간 중시적으로 돌보기가 어렵다

그러나 한편, 현대 사회에서 가족의 힘만으로는 포괄적인 노부모·고령자 돌봄을 할 수 없다. 그래서 국가는 사회적 돌봄 서비스를 계속 개발, 보강, 실천해 나가야 한다. 하지만 국가의 돌봄은 가족 기능을 빼앗거나 훼손하는 방향이 아니라 이를 보완, 강화하는 방향으로 제공되어야 한다.

4. 노부모 돌봄의 기본: 존중과 존엄성 고양

존중과 노부모 돌봄

노부모·고령자를 돌보는 데 있어 가장 중요한 것은 이분들을 존중하는 것이다.

퇴계는 그의 사상을 집약한 『성학십도(聖學十圖)』의 서명(西銘)에서 부모님 돌봄에 있어 중요한 것은 이분들을 존중하는 것임을 다음 말로 가르쳤다.

나이 많은 이를 높이는 것은 천지의 어른을 어른으로 대접하는 것이다.

사람이 천지를 섬기기를 마땅히 자식이 부모를 섬기듯이 해야 한다.

퇴계의 부모 존중 사상을 집약한 말이다. 이 가르침에는 부모님을 존중할 책임을 수행해야 한다는 타이름이 담겨 있다.

사실 부모를 존중하지 않고서는 이분들에 대해서 긍정적인 태도를 가질 수 없고 진심으로 돌보아 드릴 수가 없다. 다음과 같은 사실이 이 점을 알려주고 있다.

윤리학자들은 존중과 돌봄이 연계, 상합되어 있음을 지적한다. 이들은 존중함은 돌봄을 내포하며, 돌봄은 존중함의 일부(part of respect)라고 규정하고 있다(Downie & Telfer, 1969; Dillon, 1992).

유교경전(儒敎經典)에서도 존중은 돌봄과 연계되어 있음이 드러난다. 『예기(禮記)』(예를 행하는 데 관한 준칙)에는 부모를 존중하는 행동과 부모를 돌보는 행동이 혼합 또는 연계되어 수록되어 있다.

예를 들어 『예기』의 「내칙」 12에는 다음과 같은 자녀를 타일러는 말이 있다.

> 아침에 일어나면 부모님의 방으로 가야 한다. 방에 이르러서 마음을 가라앉히고 목소리를 부드럽게 하여 입고 계신 옷이 따뜻한지, 아픈 곳은 없는지를 묻고서 아픈 데가 있다고 하면 공손히 이를 억눌러 드려야 한다.

> 노부모를 돌보아 드리는 데는 그 마음을 즐겁게 해드리고, 그 뜻에 어긋나지 않도록 하며, 눈과 귀를 즐겁게 해드리고, 잠자리를 편안하게 해드리며, 음식은 마음을 다하여 대접해야 한다.

부모를 돌봄으로써, 존중하고 존중함으로써 돌보는 자녀의 효행을 알리는 가르침이다.

위에 인용한 일련의 사실은 존중함은 돌봄과 밀접한 관계가 있음을 밝히고 있다. 다시 말해서 돌봄은 존중함으로써 이루어지고, 존중하면 돌봄이 따르게 됨을 시사한다.

존중은 노부모를 돌보는 데 있어 긴요하면서 끈질긴 기능을 한다고 본다. 돌보는 과정에서 돌봄의 어려움, 피로, 소진이 심해짐에 따라 노부모에 대한 애정이 일시적으로 사라질 수 있다. 그러나 존중하는 마음은 끊임없이 지속할 수 있을 것으로 본다. 존중은 정서적 및 수단적 방식으로 나타낼 수 있다. 다음 공자의 말이 이 점을 밝히고 있다.

> 지금의 효라는 것은 부모를 부양하는 것을 말하는데, 심지어 개와 말과 같은 짐승도 먹여 기르고 있으니, 공경하지 않으면 부모와 짐 승을 어찌 구별할 수 있겠는가(『논어』, 「위정」 7).

돌보는 데는 물질적인 방법만이 아니라 정서적인 정과 존중 및 애정이 깃들어야 함을 가르치는 말이다. 이 가르침은 가족적 돌봄 집단이 제공하는 정에 찬 정서적 돌봄과 사회적 돌봄 조직이 제공하는 정이 부족한 수단적 돌봄의 대조적인 면을 상기시킨다.

[주: 고령자가 필요로 하는 돌봄 서비스를 아래와 같이 정서적인 것과 수단적인 것으로 나누어 볼 수 있다.

먼저 정서적 돌봄은 다음과 같은 마음속서 우러나는 내적이고 정에 찬 것이다.

정서적 돌봄의 보기
* 마음을 편하게 함
* 존경함
* 관심을 가져 드림
* 사랑함

* 뜻을 따라 드림
* 걱정을 들어 드림
* 안심을 시킴
* 딱하게 여김
* 동정을 함
* 정답게 대화를 함
* 친밀한 관계를 가짐
* 마음으로 도와줌
* 말 상대가 되어 드림
* 권위를 인증해 줌
* 소원을 성취해 드림
* 늙으심을 딱하게 여김
* 생활에 만족하도록 함
* 고독감을 해소해 드림 등

다음으로 수단적 돌봄은 아래와 같은 눈에 보이는 행동적인 것이다.

수단적 돌봄의 보기
* 용돈을 마련해 드림
* 식사 시중을 해드림,
* 건강을 유지토록 도와 드림
* 병간호를 해드림
* 가사를 도와 드림
* 책, 신문을 읽어 드림

* 여가 활동을 지원해 드림
* 음식구입을 도와 드림
* 의료비를 지불해 드림
* 교통편을 제공해 드림
* 주택 유지를 지원해 드림
* 물건 구입을 도와 드림
* 약 복용을 도와 드림
* 세수, 옷 갈아입기를 도와 드림
* 목욕을 도와 드림
* 대소변을 도와 드림
* 외출 시 동반해 드림
* 취미 활동을 지원해 드림
* 취업을 도와 드림
* 원하는 공부를 하도록 도와 드림
* 생활 환경을 안전하게 해드림 등

위의 보기들이 시사하는 바와 같이 정서적 돌봄과 수단적 돌봄은 서로 연계될 수 있어 수단적(물질적) 돌봄을 제공하면 정서적(정신적) 돌봄도 다소간에 이루어질 수 있다고 본다. 그러나 아무리 많은 수단적 돌봄을 제공해도 정서적 성과를 얻지 못하는 경우가 있다. 경제적으로 부유한 고령자는 수단적 돌봄보다도 정서적 돌봄을 더 값진 것으로 받아들이는 경향이 있다.]

고령자를 위한 돌봄 서비스를 향상하기 위한 노력이 진행되고 있다. 이 과정에서 수단적인 면을 강조하는 경향이 드러나고 있다. 즉 고령자를 위한 활인, 교통편 제공, 식사 배달, 노령수당 등 수단적 돌봄 서비스를 확장하고 있다. 하지만 정서적인 면 — 존중, 애정, 친밀, 동정, 관심, 걱정, 위안 등 — 에 대해서는 대단한 관심을 두지 않은 경향이 있다. 이런 정서적인 면은 눈에 보이지 않으나 우리의 가슴속에서 메아리치며 우리의 인간 중시적 가치를 발현하는 것이다. 더욱이 이 가치는 노부모·고령자의 생의 질을 높이기 위한 돌봄 서비스를 기획, 실천하는 데 커다란 영향을 끼칠 수 있다. 따라서 돌봄의 수단적 방법과 더불어 정서적 지원도 그 중요성을 함께 강조하며 인식해야 한다.

고령자를 존중하는 데 있어 유의해야 할 한 가지 요건은 퇴계가 밝힌 '이일분수'(理一分殊)의 원칙이다(이황, 『성학십도』, 「서명」). 이 원칙을 풀이하면, 여러 사람으로 이루어지는 사회관계에서는 자신과 다른 사람 사이에 원근(遠近, 멀고 가까움) 및 친소(親疏, 친근함과 소원함)의 차이가 있게 마련이다. 하지만 이러한 차이에도 불구하고 인(仁)의 표현에는 변함이 없어야 하며, 이 원리에 따라 모든 사람을 일관되게 존중하고 사랑해야 한다(금장태, 2001: 188; 김형호 외, 1997: 186-187).

우리의 행동 세계는 변하는 요인들이 무수하다. 그러나 사회적으로 지켜야 할 위와 같은 원칙은 쉽게 변치 않는다.

부모 자녀 관계는 변치 않는, 아니 변할 수 없는, 사람으로서 마땅히 지켜야 하는 도리(人倫)의 바탕이다. 사람이 지켜야 하는 다섯 가지 윤리(五倫) 가운데서 기본이 되는 것은 부자유친(父子有親, 부모 자녀 간의 친한 관계)이다. 어느 시대, 어느 사회에서나 변할 수 없는 가족을 중심으로 하는 부모 자녀 간의 친근한 관계이다. 이러한 관계는 곧 가족적 돌봄의 기틀을 이룬다.

이런 변할 수 없는 가치를 받들어 온 우리에게 충격적인 일들이 일어나고 있다. 고령자를 푸대접하고, 병약한 고령자를 저버리고 학대하는 사건들이다. 고령자를 존중치 않는 사례들이다. 서양에서는 오래전부터 이런 사례들이 보고되고 있다(Pillemer & Finkelhor, 1988; Levy, 1999; Payne, 2011). 우리나라에서도 이런 보고가 나오기 시작한 것이다(김미해, 권금주, 2008; 권중돈, 2017).

노부모들의 대다수는 일평생 자녀를 돌보고, 기르고, 교육하였으며, 각자의 능력에 따라 가족, 사회, 국가를 위해 기여한 분들이다. 이분들이 고령기에 들어 신체적, 사회적, 경제적 사정이 어려워져 도움이 필요할 때 정서적 및 수단적으로 돌봐드린다는 것은 인간 중시 가치를 받드는 우리의 문화적 맥락에서는 당연하고도 올바른 일이라고 하지 않을 수 없다.

서양의 정신적 지도자들도 고령자를 존중해야 함을 강조하였다. 영국의 A. Toynbee 경은 고령자 대접에 관해서 다음과 같이 말했다. "한 나라의 문명된 정도를 알려면 그 나라에서 고령자들이 대접받는 것을 보면 된다." 이 말은 고령자를 존중할 사회적 책임을 시사한 것이다. 미국의 석학 A. Etzioni(1983: 94-109)는 미국의 개인주의 사회가 지닌 고질적인 병리를 치유해야 함을 강조하면서 미국인은 상호성(mutuality)과 예(civility)를 재정립해서 실천해야 함을 호소하였다. 그의 상호성은 서로 돌보는 인간관계를 뜻하고, 예는 인간관계에서 서로를 존중함을 뜻한다고 본다.

우리는 이 서구 지성인들의 가르침을 귀담아들어야 하겠다.

존엄성(尊嚴性)의 고양

부모님을 존중함은 이분들의 존엄성을 받든다는 뜻이 담겨 있다. 사람이 존엄하다 함은 그가 존중되어야 할 타고난 권리가 있음을 말한다. 모든 사람은 연령, 성별, 종교, 인종, 사회적 계층에 무관하게 존중될 권리를 간직하고 있다.

이러한 존엄성을 간직한 사람을 멸시하거나, 푸대접하거나, 귀찮은 존재로 보거나, 억압하거나, 자유를 뺏거나, 몸을 해치면 아니 된다.

사람을 인간 중시적으로 돌보기 위해서는 돌봄 서비스에 관한 지식과 기술만을 가지고는 부족하며, 마음속에서 우러나는 인간적인 정으로써 그분의 존엄성을 받들어야 한다(최상진, 김기범, 2011). 이 때문에 사람 돌봄에서 최우선시하는 가치로서 존엄성을 들고 있다(한국사회복지학회, 2015; Levy, 1982).

다음 공자의 말은 부모 돌봄은 곧 부모의 존엄성을 받드는 것임을 지적한 말이라고 본다.

> 천지의 기(氣)를 받아 생겨나는 것 중에서 인간만큼 귀한 존재는 없으며, 이 귀한 인간을 위한 행위 중에서도 부모 돌봄보다 더 큰 것은 없고, 이 가운데서도 부모를 존중하는 것이 제일 중요하다(『효경』, 「성치장」).

퇴계는 먼저 부모를 존중하며 돌보고(事親), 이어 형제와 우애롭게 사귀며(事兄弟), 다음으로 공동체 구성원들을 돌보되(事公), 이 모든 것을 공평성으로서 실행해야 함을 가르쳤다(『성학십도』, 「인설」).

이 경우 공평성은 "자신과 가까운 사람이나 먼 사람이나, 친한 사람이나 모르는 사람이나, 은혜를 입은 사람이나 아니 입은 사람이나,

모든 사람이 공평무사하게 서로 존중함으로써 실현되는 가치이다 (도성달, 2012: 123)." 위에 거론한 퇴계의 이일분수의 원리와 상통하는 것이다.

따라서 존엄성 원칙은 모든 사람에게 공평하게 적용되어야 하는 엄중한 윤리적 규범이다.

존엄성은 인간을 중시하는 가치를 천명하며 사회복지 돌봄 서비스, 의료서비스, 이웃 봉사, 가족 돌봄을 포함한 모든 노부모·고령자 돌봄에서 반드시 지켜져야 하는 엄중한 윤리적 가치이다(한국사회복지사협회윤리강령, 2012; NASW Code of Ethics, 2000; 일본사회복지사회윤리강령, 2006).

이러한 윤리적 가치는 침윤성이 강하여 돌보는 사람의 마음과 행동에 스며들어 이들의 돌봄 서비스의 방향과 실천 방법을 선정토록 이끄는 지렛대 역할을 한다고 본다(Myrdal, 1958).

이와 같은 가치를 가족적 맥락에서 교시한 분이 퇴계(退溪)이다. 퇴계는 효(부모 돌봄)의 실현 방법으로서 '사람 사랑'(人間愛)과 '사람 존중'(人間尊重), 그리고 측은지심(惻隱之心)의 기본적 가치를 교시하였는데, 이 복합적인 가치는 보편성이 뛰어나 사회적 변화 때문에 쉽게 변하지 않는다. 이러한 인간 중시 가치를 바탕으로 노부모·고령자를 위한 복지 제도 및 정책이 수립되고, 나아가 돌봄 서비스가 개발, 실천되어야 함이 바람직하다.

이러한 인간 중시적 접근은 홍익인간에서 발원한 인간 중시 가치와 국가가 제정한 경로 효친의 법규에 준거해서 실행되어야 한다고 본다.

존엄성을 해치는 경우

사람들의 수명이 길어지며 영아 출생률이 낮아지고 있다. 이러한 인구학적 변동이 계속됨으로써 노부모·고령자를 위한 돌봄은 자연소수 젊은 사람들의 책임이 되고 있다. 앞으로 노부모·고령자 돌봄의 부담이 커지면 젊은이의 돌봄 능력이 감소할 수 있고 고령자를 존중하는 관습마저도 쇠퇴할 수 있을 것이다.

최근의 연구 발표에 의하면 일부 성인 자녀들의 부모에 대한 도덕심이 하락하고 있다. 고령자를 푸대접하고 병약한 고령자를 저버리고, 이분들의 어려움에 무관심하고, 다만 권력, 재력, 명성을 가진 자만을 존중하는 경향이 있다. 외국에서는 이미 오래전부터 이러한 경향이 보도되고 있으며 우리나라에서도 비슷한 보도가 나오기 시작했다(권중돈, 2017; 김미해 & 권금주, 2008; 한동희, 2002; Tomita, 1994; Pillemer & Finkelhor, 1988; Levy, 1982).

고령자는 젊은 사람들의 변덕스러운 태도에 따라 크게 영향을 받을 수 있다. 인류 역사를 살펴보면 옛날 어느 때는 부담스러운 고령자에 대해 극히 불경스러운 대접을 한 것 같다.

문명화된 사회에서는 어김없이 고령자를 존중해야 하며 결코 소외, 격리해서 저버리거나 심지어는 고려 시대에 있었다는 고려장(高麗葬, 늙은 부모를 굴을 파고 먹을 것을 넣어주고는 굴의 입구를 막았다는 전설), 일본에서 옛날에 있었다는 오바스때(姨捨, 늙은 부모를 산에 업고 가 버렸다는 전설), 또 고대 중국의 기로국(棄老國, 노인을 벌판에 버린 나라)과 같은 비인간적이고 야만적인 짓이 있어서는 안 된다. 서양의 경우는 더 흉측하게 노부모를 처분했다는 이야기들이 있다. 박태리어족은 노인을 개가 뜯어 먹게 했고 살디니족은 노인을 높은 언덕에서 아래로 떨어뜨렸다고 한다(Cox, 1990). 오늘날 문명화된 사회에서는 결코 이러한 미개하고 비인도적인 노인 학대를 용납할 수 없다.

이러한 전설을 들을 때 고령자 돌봄 서비스를 인간화, 즉 더욱더 인간 중시적인 것으로 개선, 실행해야 할 필요성을 절감하게 된다. 우리는 모름지기 인간 존엄의 가치에 부합되는 노부모·고령자 돌봄 서비스를 실행해야 하겠다.

5. 시대의 변화와 증대하는 복지 욕구

전통적으로 가족은 자체 구성원들을 자율적으로 돌보아 왔다. 가족원들의 정서적 및 수단적 욕구를 가족 스스로가 충족해 온 것이다. 효를 바탕으로 하는 세대 간 돌봄이 이러한 가족의 자체 돌봄을 뒷받침하는 주된 힘이 되어 왔다.

제2부에서 가족의 자체 돌봄에 대해서 논의한다.

시대적 변화는 이러한 전통을 가진 우리에게 매우 벅찬 도전을 가하고 있다. 가족 구조와 생활 패턴의 변화와 더불어 경제적 불균형과 개인의 준비 부족으로 인하여 노부모 돌봄 기능을 수행치 못하는 가족 수가 늘고 있다(김영란 외, 2016; 권중돈, 2016; 김미혜 외, 2015).

이런 변동과 맞물려 사람들의 수명이 연장되고, 직장을 가진 여성과 남성이 늘어나고, 부모를 떠나 생활하는 성인 자녀가 많아짐에 따라 노부모를 돌보는 손길이 줄어들고 있다. 게다가 고령화가 심화됨에 따라 각종 신체적 및 정신적 질환을 앓는 노부모·고령자 수가 늘어나고 있다.

이렇게 변하는 시대적 맥락에서 노부모·고령자의 돌봄 서비스에 대한 욕구는 복합적이고 다차원적인 특성을 갖는다. 따라서 사회적, 심리적 및 생리적 차원을 종합적으로 고려해야 한다. 이분들을 위한 돌봄 서비스는 무엇보다도 그 유형과 내용을 다양화하고 전문화할 필요가 있다.

그런데 가족 중심으로 노부모를 돌본다고 하지만, 많은 가족이 가족 자체의 돌봄만으로는 부양을 제대로 하기 어려운 실정이다. 이 때문에 점차 늘어나는 노부모의 복합적인 욕구를 가족 자체의 돌봄과 아울러 가족 밖의 다양한 사회적 돌봄을 연계, 종합하여 충족하는 과제를 풀어나가야 하겠다. 이 과제에 관하여 다음 제2부~제4부에서 집중적으로 논의한다.

이러한 변화에 직면하여 가족과 국가 어느 편이 노부모·고령자 돌봄에 대한 책임을 더 저야 하느냐의 과제를 두고 논란이 거듭되고 있다.

다행히 가족 스스로 노부모를 돌볼 수가 없거나 돌보기가 어려울 때는 가족 바깥의 국가와 사회가 주도하는 사회적 돌봄을 활용할 수 있게 되었다. 국가·사회로부터 다소간의 도움을 받아 효를 할 수 있는 시대적 변화가 온 것이다.

이 사회적 돌봄을 원하는 고령자 수는 해마다 늘고 있다. 이러한 사실은 고령자가 필요로 하는 돌봄 서비스를 가족이 충분히 제공하지 못하며 이분들의 사회복지 서비스에 대한 잠재적 수요가 늘어남을 시사한다.

정부는 노인복지 정책을 속도가 느리지만 실행하고 있다. 생활 사정이 어려운 고령자와 가족의 자체 돌봄 능력을 증대하기 위하여 노인부양책임법, 장기요양법, 효행장려법 등 법을 제정하여 기초생활보장(생계급여, 의료급여, 노령수당, 장애인지원, 세금 감면 등)을 하고, 민간단체를 지원하여 노인복지관, 노인요양원, 노인병원, 치매노인요양원을 운영하며 사회서비스, 거택보호, 시설보호, 평생교육을 하고, 노인 일자리 마련, 여가 프로그램, 가족 상담, 자원봉사활동 등을 추진하고 있다. 이 모두가 국가가 제공하는 사회적 돌봄의 대표적인 보기이다.

오늘의 노부모는 가족이 제공하는 돌봄과 국가·사회가 제공하는 위와 같은 사회적 돌봄을 모두 필요로 한다. 즉, 두 가지 돌봄을 필요로 하는 이중적 돌봄 욕구를 가진다.

이러한 시대적 욕구를 충족하기 위해 가족 바깥 사회적 돌봄을 제공하는 조직(시설)들이 확장, 증설되고 있다. 즉, 위에 지적한 복지관, 병원, 요양원, 상담소, 자원봉사센터 등 국가를 위시하여 사회(민간)의 비영리조직(NGO)의 지원을 받으며 돌봄 서비스를 제공하는 다양한 '인간봉사조직'이다.

이 사회적 돌봄 조직들은 정신적, 신체적 및 사회적 문제의 해소를 위한 기술, 기재, 시설 및 전문 인력을 갖추어 다수 고령자를 위해 상담, 치료, 회복, 예방, 의래, 구호 등을 하는 긴요한 역할을 한다.

제3부에서 이러한 역할을 하는 사회적 돌봄에 대해서 논의한다.

그러나 국가와 사회의 힘만으로는 가족을 충분히 지원하기 어렵다. 따라서 가족이 자체 돌봄 기능을 수행할 수 있어야 한다. 이 때문에 국가·사회 주도의 돌봄과 가족 중심의 돌봄을 연계해서 종합적 노부모·고령자 돌봄 서비스를 제공할 필요성이 커지고 있다.

부모 돌봄에 대한 새로운 시각이 필요하다. 전통적 부모 돌봄의 기본적 가치(효)는 변하지 않으나 이의 표현 방식은 달라지고 있다.

이러한 시대적 변화에 순응해서 부모 돌봄에 관한 완고한 격식과 경직된 규칙은 남녀와 노소의 인권과 자유를 존중하는 바탕에서 풀고 고쳐 나가야 하겠다. 부모 돌봄을 위한 새로운 대안들을 가족 안팎에서 찾아 신축성 있게 대처해야 한다고 본다.

6. 가족적 돌봄과 사회적 돌봄의 속성

노부모·고령자를 돌보는 의무를 가족과 국가가 공동으로 져야만 한다는 소리가 높아지고 있다. 가족적 돌봄과 사회적 돌봄이 연계되어 제공되기를 원하고 있다. 다수 노부모·고령자를 위해 두 가지의 돌봄이 모두 필요하기 때문이다. 이러한 시대적 요청을 감안하여 두 가지 돌봄의 유용성과 제한점에 대하여 제2부와 제3부에서 경험적 자료를 바탕으로 논의하고자 한다.

위에 지적한 바와 같이 가족적 돌봄 집단은 가족 중심으로 인간 중시적 가치를 발현하며 자율적으로 노부모를 돌보며, 사회적 돌봄 집단은 기술 중심으로 전문적 지식을 바탕으로 타율적으로 고령자를 돌본다. 이러한 차이점을 감안하며 양편의 속성을 살펴보고자 한다.

1) 가족적 돌봄의 속성

가족 중심적 돌봄 집단의 성원들 — 가족과 친척, 가까운 친구와 이웃 ─ 은 경제적 보수를 바라지 않고 인간적 정(情)으로 서로를 자율적으로 돌보아 나간다. 이들은 이러한 정으로써 친밀한 유대 관계를 유지하며 노부모를 돌본다.

가족적 집단이 하는 존중과 사랑, 관심과 위안, 동정과 걱정 그리고 가사 돌보기, 취사, 급식, 세탁, 목욕, 요양, 보호 등 일상생활을 위한 다양한 정서적 및 수단적 돌봄은 노부모의 삶을 유지하는데 긴요하다.

이 집단은 또한 다음과 같은 돌봄을 한다.

예측할 수 없이 돌발적으로 일어나는 우발적 문제가 발생할 때 이에 직시 대응해서 돌보는 기능을 수행한다. 즉, 가족, 친척, 친구 및 이웃은 노부모가 돌발적인 문제 ─ 재해, 급환, 사고 ─ 를 당할 때 제일 먼저 개입해서 응급적 돌봄을 해준다. 이와 같은 노부모의 우발적인 잡다한 문제들을 일상생활 속에서 해소해 나간다.

예로 심장마비를 일으킨 고령자의 경우를 들 수 있다. 이런 급환은 우발적이어서 예측 불가능하다. 갑작스럽게 일어나는 이런 병환을 앓는 노부모를 가족 중심적 돌봄 집단은 위와 같이 발생 초기에 자율적으로 돌본다. 이런 응급 돌봄은 사회적 돌봄 조직인 병원의 의사, 간호사, 마취사 등이 미처 못 하는 일이다.

위와 같은 돌발적으로 일어나는 문제는 그때그때 사람 대 사람의 개별적 접촉에 의해서 다룰 수 있다. 이런 문제는 다수를 돌보는 대규모 조직보다도 인간 중시적 정으로 (면 대 면) 개별적으로 돌보는 소규모의 가족 중심적 집단이 더 잘할 수 있다. 이 경우 금전적인 동기화보다도 내면화된 존중, 애정, 측은지심이 더 중요한 돌봄 동기가 된다. 가족적 돌봄 집단이 간직하는 인간 중시적인 특성이다.

하지만 가족적 돌봄 집단의 제한점은 전문적 기술, 장비, 시설 및 인력을 갖추어 많은 고령자에게 기술 중심적 돌봄을 하지 못하는 것이다.

이 돌봄 집단은 이러한 제한점이 있음에도 불구하고 사회적 돌봄을 하는 데 절실히 필요하다. 즉 노인요양원, 노인복지관, 보건의료시설 등 사회적 돌봄 조직들은 가족의 참여 없이는 운영이 불가능하다.

위와 같은 사실을 감안하여 가족적 돌봄 집단 성원들은 다음과 같은 성질의 돌봄을 수행하는 특성을 간직한다고 볼 수 있다.

* 인간 중시적인 돌봄
* 자율적인 돌봄
* 개별화된 돌봄
* 우발적 문제에 대한 돌봄

다수 노부모·고령자들은 사회적 돌봄 활동이 증대하였음에도 불구하고 여전히 가족적 돌봄을 선호하고 있다(이승호, 신유미, 2018). 사실 우리 문화에서는 가족의 정으로 제공되는 인간 중시적 돌봄을 즐기고 있다.

가족적 돌봄은 가족을 중심으로 친척, 친구, 이웃, 상조 그룹 등이 개별적이고 자율적으로 제공하는 소위 비공식적 또는 사적 돌봄이다. 이런 돌봄을 가능케 하는 힘은 퇴계가 중시한 사랑, 존중 및 측은지심과 전통적인 인간 중시적 가치를 바탕으로 행해지는 효라고 본다.

위와 같은 가족의 자율적인 노부모 돌봄은 우리 겨레가 변함없이 이루어 온 관행이다. 가족 중심 집단의 이러한 돌봄 기능은 오늘날 국가의 사회복지 체계에서 없어서는 아니 될 귀중한 자산이다. 국가는 사회적 돌봄을 확대하고 있지만, 가족은 여전히 노부모를 포함한 가족구성원들에게 기초적 돌봄을 국가보다 더 많이 제공하고 있다.

가족적 돌봄의 기틀은 부모 자녀 관계이다. 이 관계는 부자유친(父子有親, 부모 자녀 간의 친한 관계)이다. 어느 시대, 어느 사회에서나 변할 수 없는 가족을 중심으로 하는 부모 자녀 간의 친근한 관계이다. 이러한 관계 속에서 앞서 거론한 효(孝 부모를 받들어 돌봄)와 자(慈 자녀를 사랑으로 돌봄)의 원리를 따라 세대 간의 호혜적(互惠的) 돌봄 관계가 이루어진다.

이 관계에는 한국인 특유의 정이 스며들어 있다. 정은 친밀감을 갖게 하고, 따스하고, 계산하지 아니하고, 보답을 요구하지 아니하는 호의적 심리이다(임태섭, 1994: 24). 정은 서로 돌보아 주려는 의지를 담고 있다. 정을 주는 사이에서는 상대방이 직면하는 문제에 대해 염려하면서 개입해서 돌보아 주려는 성향이 짙다(이수원. 1984: 104). 더욱이 존중과 애정 그리고 측은지심을 두루 담고 있어 인간 중시적 고령자 돌봄 관계를 이루는 데 필수적인 요소가 된다(윤태림, 1970).

이러한 정으로 이루어지는 가족적 돌봄은 기술적 돌봄을 제공하는 데는 한계가 있으나 인간 중시적 돌봄을 하는 데는 강하다. 공교롭게도 물질적 생활 풍조가 심해질수록 이러한 정으로 이루어지는 인간 중시적인 가족적 돌봄이 더 중요시되고 더 필요해진다.

2) 사회적 돌봄의 속성

가족 바깥에서 고령자를 돌보는 인간봉사조직(人間奉仕組織) ―

사회적 돌봄 조직 — 은 고령자를 돌보는 데 필요한 기술과 지식, 장비와 시설 및 전문 인력을 갖추어 오늘날 그 필요성이 증대하는 기술 중심적 돌봄 서비스를 제공한다. 각종 생물학적 및 사회심리적 질환을 가진 고령자가 필요로 하는 돌봄이다. 앞서 거론한 사회보장제도와 경로 효친을 권장하는 노인복지법 등 법령하에 운영되는 국가 주도의 돌봄 조직들이 제공하는 사회적 돌봄이다.

이러한 돌봄은 사회적 조직 세팅에서 돌봄 방식을 균일화하고, 경제적인 실적을 높이며, 정실 관계가 약하게 합리적인 방향으로 제공되는 경향이 있다. 다수 사회복지 시설들은 이러한 관료제적 속성을 정도의 차이는 있지만 지니고 있다.

이런 속성을 지닌 조직에서는 인간적 정을 섞지 않는 비정실적 관계를 중시하게 된다. 정보다는 물질적인 금전을 가지고 작업 동기화를 이룩한다. 조직운영의 합리화와 돌봄 서비스의 효율성을 중시하기 때문이다.

이렇기 때문에 사회적 돌봄 조직의 돌봄 제공자들은 일반적으로 가족적 돌봄 집단이 간직하는 인간 존중과 인간애와 같은 정으로 찬 감정적 유대가 약하며 인간 중시적 가치를 바람직하게 발현하지 못하는 제한점을 가지게 된다. 제3부에서 이 제한점과 돌봄 서비스를 인간화할 필요성에 대해 논의한다. 이러한 제한점을 갖지만 사회적 돌봄 서비스 제공자들은 아래와 같은 성질의 돌봄을 수행하는 데 익숙하다.

* 기술 중심적 돌봄
* 다수를 위한 돌봄

* 타율적인 돌봄
* 효율적인 돌봄

국가(중앙 및 지방정부)는 사회보장제도를 보완하기 위해 사회적 돌봄 서비스를 민간단체에 위탁해서 제공하고 있다. 퇴계가 돌보아 줄 것을 호소한 환과독고(鰥寡獨孤, 늙어서 아내 없는 자, 늙어서 남편 없는 자, 늙어서 아들 없는 생활이 어려운 혼자 사는 고령자) (퇴계집, 서명고증강의) — 사회적 약자 — 를 위한 사회적 돌봄 서비스가 민간단체/시설을 통해서 각 지역에서 제공되고 있다.

현재로서는 제한적인 사회적 돌봄 서비스를 생활 기능이 저조한 저소득 고령자에게 우선 제공하고 있다. 다수 고령자가 수혜 자격 결격, 빈곤선 미달, 정부 재원 부족 등의 이유로 혜택을 받지 못한다.

7. 돌봄에 대한 공동 책임

선진 복지국가에서는 사회보장제도가 고령자 등 어려운 사람들을 돌보는 능력의 한계를 드러내 가족이 자체 돌봄 기능을 보강할 책임이 있음을 강조하고 있다. 즉 이 국가들은 국가의 사회보장제도만으로는 국민의 늘어나는 복지 욕구를 충족하기 어려워져 "가족 하나하나가 자체의 성원들을 최대한으로 도와 나감으로써 재정적으로 어려워진 국가를 도와야 한다."라고 호소하고 있다.

영국의 사회보장제도를 꾸민 A. Beveridge 경은 다음과 같이 '국가 대 개인' 역할에 대해서 언급하였다(The Beveridge Report & The Postwar Reforms, 1942).

국가가 개인의 생활비를 충당해 줄 수 있다. 그러나 시민도 국가가
수행하는 이러한 책임에 버금가는 노력을 해서 자신의 수입을 올
릴 책임이 있다.

이 말은 국가만으로는 개개 시민의 복리를 다 충족할 수 없으며,
개인과 국가가 함께 힘을 합쳐 공동으로 사회복지를 이룩해 나가야
한다는 요지의 타이름 내지 충고라고 볼 수 있다. 즉, 국가가 개인과
가족을 지원할 책임을 수행하되 개인과 가족도 자체 돌봄을 수행할
책임을 다해서 국가의 부담을 줄여줄 필요가 있음을 지적한 말이라
고 본다.

일본의 민법(民法 Ⅳ, 친족상속법)에도 이와 비슷한 국가 대 가족
의 노부모 돌봄에 대한 책임과 관련된 법적 규정이 있다. 즉 가족이
노부모 부양을 할 수 없는 경우에는 국가의 공적 생활보호를 요청할
수 있다. 하지만, 친족부양우선원칙(親族扶養優先原則)에 따라 친족
의 자체 돌봄을 소진한 후에 신청할 수 있다고 규정해 놓았다. 이 규
정은 노부모 돌봄을 국가에 요청할 수 있으나 신청하기 전에 가족
(친족)이 노부모를 부양하는 모든 노력을 다한 후에 신청할 수 있다
는 것이다. 즉 가족의 노부모 돌봄에 대한 책임을 국가 개입에 앞세
우고 있다.

우리가 명심해야 할 사실은 사회복지 제도를 운영하는 데 있어 국
가가 책임을 져야 함은 물론 가족 중심 돌봄 집단도 책임을 진다는
것이다.

8. 가족적 돌봄과 사회적 돌봄의 상호 보완

국가·사회적으로 긴요한 두 가지 돌봄이 위와 같은 대조적인 실상을 나타냄은 현대 사회에서 우리가 부딪히는 하나의 딜레마라고 볼 수 있다.

두 집단의 이러한 대조적인 특성을 감안하여 이들이 제공하는 돌봄 서비스가 어떠한 형식과 방향으로 제공되어야 하는가에 대한 식별 작업이 필요하다.

인간 중시적 돌봄 대 기술 중심적 돌봄; 개별적으로 소수를 위한 돌봄 대 대규모로 다수를 위한 돌봄, 자율적 돌봄 대 타율적 돌봄, 우발적인 문제에 대한 돌봄 대 균일화된 돌봄 등과 같은 구별을 해서 노부모·고령자의 욕구에 맞는 돌봄 서비스를 식별할 필요가 있다.

아울러 유의할 점은 두 집단은 대조적인 속성을 지니지만 이들은 다 같이 인간 중시적으로 노부모·고령자의 삶의 질을 향상하고 복지를 증진해야 할 공동의 책임을 수행해야 한다는 요건이다.

따라서 양자가 지니는 상이하면서도 긴요한 유용성을 각자 보존, 유지해야만 한다. 그럼으로써 제각기 이러한 장점을 간직하며 발휘해서 공동의 목표를 달성할 책임을 다해야 한다. 따라서 서로를 연계해서 각자의 유용성을 종합, 상호 보완할 필요성이 크다(한경해, 1998).

가족적 돌봄과 사회적 돌봄의 유용성을 고려하면서 두 가지의 돌봄을 연계, 종합해서 활용하면 가족의 연대성을 약화하거나 가족의 돌봄 역할을 빼앗지 않고, 국가에 과중한 재정적 부담을 끼치지 않으면서 노부모·고령자를 돌볼 수 있다고 본다. 즉 두 가지를 종합함으로써 이러한 바람직한 결과를 낼 수 있는 것이다.

그러하다면 앞으로 두 가지로 노부모·고령자를 위한 돌봄을 제공하는 방향을 잡아야 할 것이다. 하나는 효의 가치를 바탕으로 가족 중심적 돌봄을 계속하는 것이고, 다른 하나는 고령자에게 국가·사회 주도의 사회적 돌봄을 개발해서 제공하는 것이다. 즉 가족 자체의 노력과 국가·사회의 지원이 종합되어 포괄적인 돌봄 서비스를 전달하는 것이다.

새 시대의 벅찬 도전에 대응하여 위와 같은 두 가지의 돌봄 기능을 연계 내지 종합할 필요성이 매우 커지고 있다.

이상적으로는 가족적 돌봄과 사회적 지원을 연계, 종합함으로써 돌봄이 필요한 고령자를 비롯한 영유아, 장애인 등 의존적 성원들을 돌보아 이들의 복지를 증진토록 하는 것이다.

이러한 접근과 맥을 같이 하는 방식으로서 사회복지학의 석학 E. Litwak(1985)은 가족 자체의 돌봄 서비스와 가족 외부의 사회적 돌봄 서비스를 결합 또는 협치할 필요가 있음을 주장하였다. 그는 가족이 제공하는 돌봄 서비스를 외부 체계가 제공하는 사회복지 돌봄 서비스로 보완 내지 강화하는 방법을 제창한 것이다. 그는 이런 가족 안팎에서 제공하는 돌봄을 상호 보완적으로 활용함으로써 가족의 연대성을 약화하거나 가족의 부양 역할을 빼앗지 않는 동시에 국가의 과중한 재정 부담을 줄이면서 고령자를 포함한 의존적인 가족원들을 돌볼 책임을 수행할 수 있다는 것이다. 우리가 참고할 수 있는 제안이라고 본다.

제2부

::

가족적 돌봄

1. 가족적 돌봄의 특성

가족적 돌봄은 경로 효친을 권장하며 인간 중시적 가치가 발현되는 문화적 맥락에서 이루어진다. 이 맥락에서 부모 자녀 간에 친밀한 유대 관계가 유지되며 효(孝)와 자(慈)가 실행되는 것이 일반적인 사회적 기대이다. 이러한 기대에 맞게 실행되는 노부모 돌봄은 대체로 다음과 같은 일련의 특성을 간직한다고 본다.

1) 돌봄의 중심: 부모 자녀 관계

우리는 부모 자녀 관계를 기틀로 하는 인간관계를 중요시하는 문화에서 살고 있다(류승국, 1995; 도성달, 2013; 손인수, 1992). 유교 사상은 한국인의 인간관계에 커다란 영향을 끼쳤다. 유교의 중심적 이념인 인(仁)은 인간애와 인간 존중을 창도하는 사상으로서 오랜 세월 한국인의 사고방식과 행동 양식을 이끌어 왔다. 특히 인을 발현하는 방법으로서 효(孝, 부모 돌봄)와 자(慈, 자녀 돌봄)는 부모 자녀 간의 책임성 있게 사랑하고 존중하는 호혜적 관계의 바탕을 이룬다.

유교의 기본적 가르침인 오륜(五倫)은 이러한 인을 발현하는 부모 자녀 관계가 형제자매, 부부, 친구 및 사회관계로 확장되어야 함에 치중한다.

오늘날 새 기술이 출현하여 산업 방식이 변하고 생활 양식이 달라졌지만 변치 않는, 아니 변할 수 없는 사실이 있다. 그것은 가족을 중심으로 부모와 자녀가 깊은 감정적 유대감을 가지고 서로 돌보는 관계라는 점이다. 앞장에서 이 관계의 특수함을 밝혀 보았다.

가족법과 혼인법이 개정되어 장자 승계 및 재산 상속과 관련된 가족생활의 전통적 방식이 달라졌지만, 위와 같은 부모 자녀 간의 의무적으로 서로 돌보는 관계는 변함없이 지속되고 있다(손인수, 1992; 신용하, 2004; 최재석, 2009).

2) 가족 중심적 돌봄

가족적 돌봄 집단의 성원들은 출생 및 혼인으로 자동으로 성원이 되어 영구적 관계를 이룬다. 이들은 경제적 보수를 바라지 않고 애정, 존중, 측은지심의 인간 중시적 정으로써 고령자를 비롯하여 어린이, 장애인 등 약자를 돌보는 데 가장 중요한 역할을 수행한다.

우리 문화에서는 가족 중심의 인간 중시적 돌봄이 다른 문화에 비하여 더 드러난다. 퇴계가 창도한 부모 돌봄의 기본정신은 바로 이러한 돌봄의 특성을 함축하고 있다.

퇴계가 논구한 효(부모 돌봄)는 부모 자녀 간의 친밀한 관계 속에서 부모에 대한 존중, 사랑, 측은지심으로 실행되는 것으로서 이 어진 행실은 가족을 중심으로 이루어진다.

퇴계는 나와 사회와의 연결 고리를 가족으로 삼았다. 사랑과 존중을 바탕으로 하는 가족 질서를 추구하였는데, 이 질서는 바로 가족을 출발점으로 하여 공(公, 뭇사람을 돌봄)으로 확장되는 것이다(금장태, 2001: 94).

가족 중심적 가치는 가족에 대한 애착 내지 관심이 강하며 가족의 번영, 명예, 영속을 소중히 여긴다(최상진, 2012: 15; 최문형, 2004). 오늘날 가족법의 개정, 핵가족화의 심화, 저출산, 고령화, 생활 스타

일의 변화는 가족생활에 큰 영향을 미쳤다. 하지만 가족에 대한 인식이나 가치관의 측면에서는 아직도 전통적인 색채를 유지하는 경향이 짙다(도성달, 2013; 최연실 외, 2015: 38~39; 최상진, 2012).

가족을 이루는 부모 자녀, 부부, 형제자매의 감정적 유대 관계는 강하여서 각각의 성원은 기초적 욕구를 충족하기 위해 서로 의존하면서 돌보아 나간다.

가족 중심적 생활을 하기에 가족 내에 '우리'의 소문화(小文化)가 이루어진다. 이 소문화 속에서 가족 나름대로 위계질서가 이루어져 이 질서하에서 상호 의존하며 정으로 돌보아 나간다. '나'가 속한 가족은 '우리'를 이루는 공동체와 연계되어 있다. '우리' 경계 내에서 서로 돌봄 관계의 망을 형성하는 것이다(김낙진, 2004; Roland, 1989: 63).

유교는 '우리'를 '천하'라는 단위로까지 확대한다. 그리하여 퇴계가 가르치듯이 사람들이 돌보는 대상이 가족-사회-국가-천하의 차원으로 확장된다. 이러한 맥락에서 개인과 가족은 배타적 이익을 추구하는 대신 커다란 사회의 성원임을 염두에 두고 이타적으로 서로 돌보는 공동체를 이루어 나간다. 이와 같이 가족 중심적인 돌봄은 공(公)과 연계된다.

한국을 포함한 동아시아 나라들의 가족과 서구 나라들 가족의 한가지 현저한 차이는 후자가 어린이 때부터 독립을 강조하는 한편, 전자는 타인에 대한 깊은 정서적 밀착과 의존감을 배양하는 데 초점을 두는 점이다(Pedersen, 1983; 송성자, 1997).

타인과 정서적 밀착과 의존감을 가지고 자라난 한국 아이들은 서양 아이들에 비해 개인적인 자아감이 약하다. 그렇지만 이들은 다른 사람들과 연계된 가족적 자아(家族的 自我)를 간직하게 된다. 이 가족적 자아는 가족원들과 정으로 찬 감정적 유대 관계를 가지면서 다른 사람들에게 관심을 가지고 돌보아 주는 이타적인 상호 관계를 맺는 자아이다. 인류학자 Roland(1989)는 서양에서는 이런 자아를 가진 사람들이 드물다고 한다.

어린이도 이러한 가족적 자아를 가짐으로써 다른 사람에게 이타적인 행동을 하도록 이끌어진다. 이 자아는 가족의 위계적 관계 속에서 가족원들과 서로 돌보며 기능하도록 하는 기본적인 심리적 조직이다(김경희, 2003; Roland, 1989: 7).

가족 중심적 돌봄의 특성

가족 중심적 돌봄의 기틀을 이루는 부모 자녀 관계는 부모와 자녀가 서로 돌봄을 주고받는, 서로에 대한 책임을 수행하는 관계이다.

이러한 관계는 노부모의 건강 상태가 악화되고 신체장애가 발생하여 독자적으로 거동할 능력을 잃을 때 심각한 단계에 이른다. 노부모의 장애 정도가 심할수록 가족의 손길이 더 필요하게 된다. 예로 가장 희생적인 간호가 필요한 치매 환자의 경우 가족(주로 자녀, 배우자)의 돌봄을 받는다.

오늘날 우리의 가족이 변하고 있다고 하지만 이러한 가장 어려운 돌봄 역할은 다수 가족이 자체적으로 담당해 나가고 있는 실정이다. 이 사실을 감안할 때 가족은 여전히 병약한 노부모를 보호·부양하는 도덕적인 책임을 지고 있음을 알 수 있다.

가족 중심적 돌봄은 위와 같은 친밀한 감정적 유대 관계를 이루는 '우리'라는 가족공동체와 연계된 맥락에서 이루어진다.

가족은 또한 다음과 같은 특수한 돌봄 방식을 적용하는 성향이 강하다. 예측할 수 없이 돌발적으로 일어나는 문제가 발생할 때 이에 직시 대응해서 면 대 면으로 돌보는 기능을 수행한다. 즉, 가족과 친척 그리고 가까운 친구와 이웃은 노부모가 돌발적인 문제 ― 재해, 급환, 사고 ― 를 당할 때 제일 먼저 개입해서 응급적 돌봄을 한다. 그리고는 외부의 사회적 돌봄 조직 ― 병원, 진료소, 구호소, 상담소, 복지관 등 ― 에 연락을 취하고, 교통편을 마련해서 그곳으로 데려가 기술 중심적 돌봄을 받도록 한다.

가족적 돌봄 집단은 가족 내에서 노부모가 부딪히는 위와 같은 우발적으로 발생하는 잡다한 문제들을 일상생활 속에서 자율적으로 풀어 나간다. 예로 심장마비를 일으킨 고령자의 경우를 들 수 있다. 이런 급환은 우발적으로 발생하며 예측 불가능하다. 이런 노환자를 가족은 위와 같이 발생 초기에 돌볼 수 있다. 가족이 하는 이런 응급 돌봄은 사회적 돌봄 조직인 병원의 의사, 간호사, 마취사 등이 미처 하지 못하는 것이다.

위와 같은 돌발적 문제는 그때그때 사람 대 사람의 개별적 접촉으로 다룰 수 있다. 이런 문제는 대규모의 사회적 돌봄 조직보다도 인간 중시적 정으로 움직이는 소규모의 가족이 더 잘할 수 있다. 가족적 돌봄 집단의 경우 금전적인 동기화보다도 내면화된 존중, 애정, 측은지심이 더 중요한 돌봄 동기가 된다. 이로써 가족적 돌봄 집단의 특성인 인간 중시적 돌봄이 이루어진다.

이러한 특성을 갖추어 일상생활에서 가족 중심으로 자율적으로 제공하는 존중과 사랑, 관심과 위안, 동정과 보살핌, 아울러 가사 돌보기, 취사. 급식, 세탁, 목욕, 요양, 보호 등 노부모의 일상생활을 위해 개인별로 제공하는 잡다한 정서적 및 수단적 돌봄은 노부모의 삶을 유지하는데 긴요하다.

가족 중심적 돌봄의 기틀을 이루는 부모 자녀 관계는 부모와 자녀가 서로 돌봄을 주고받는 서로에 대한 책임을 수행하는 관계이다.

가족의 자체 돌봄은 특수하여 가족이 아닌 다른 사람은 희생을 요구하는 보호와 돌봄을 담당하기가 어렵다. 또 가족이 제공할 수 있는 정에 찬 돌봄을 제공하지도 못한다. 가족적인 감정적 유대가 우리보다 약한 미국인들도 장애 정도가 심한 노부모들의 80%가 가족과 친족의 보살핌을 받고 있다(Doty, 1986; Connidis, 2001). 개인주의적인 사회에서도 이와 같이 가족 자체가 장애를 가진 노부모를 돌보는 책임을 수행하고 있다는 사실은 주목해야 할 일이다.

3) 정으로 찬 가족관계

부모 자녀 관계는 제1부에서 논한 정(情)을 바탕에 깔고 있다. 이런 관계가 가족구성원들에게 내면화됨으로써 가족 고유의 '정공간'이 이루어진다(이수원, 1984: 122).

대표적인 정공간으로서 부모 자녀 중심의 가족을 들 수 있다. 한국인은 이 정공간에서 가족에 대한 애착 내지 관심을 우선하며 가족의 번영과 명예를 소중히 여긴다(최연실 외, 2015; 최문형, 2004).

다음과 같은 엄연한 사실을 보아 이러한 가족을 중심으로 하는 부모 자녀 간의 특수한 관계를 더욱 깊이 깨달을 수 있다.

> 부모는 자녀가 병이 없이 오래 살기를 끝없이 소원한다.
> 자녀도 부모님의 건강을 걱정하며 병환이 없이 오래 사시기를 소원한다.

이 세상에서 가장 소중한 생명 그 자체를 이렇게 측은지심으로 존중하는 것은 오직 부모만이 자녀에게, 그리고 자녀만이 부모에게 하는 지극한 존중・애정-측은지심의 인간 중시적 가치를 발현하는 것이라고 하지 않을 수 없다.

그렇기에 사람이 지켜야 하는 기본적 윤리로서 부자유친(부모 자녀 간의 친밀한 관계)을 들고 있다(손인수, 1976). 어느 시대, 어느 사회에서나 변할 수 없는 부모 자녀 간의 깊은 정으로 이루어진 유대 관계이다.

한국인은 이러한 정으로 이루어진 관계적 맥락에서 개인주의적 자기 지향보다는 가족주의적 '우리' 의식을 가지고 타인과 감정적 유대감을 간직하며 서로 돌보는 '나'를 실현하는 성향을 갖는다(김낙진, 2004; 송성자, 1997).

[주: 가족적 자아의 개념은 '나'가 속해 있는 '큰 나'의 집단 신념과 흡사하며(오세철, 1982: 41) 가족원 간의 밀접한 정서적 관계망 안에 담겨 있다. 이 자아는 보다 넓은 공동사회에서 공생(共生, simbiosis)하면서 교호적 관계를 지향하는 우리로 확장된다(Roland, 1989).]

이러한 특성에도 불구하고 근래 가족적 돌봄 집단의 부모 돌봄 능력이 약화되는 사례가 많아졌다. 하지만 사람들의 가족에 대한 가치관과 관행의 측면에서는 여전히 전통을 유지하는 경향이 드러난다(최정혜, 1998; 성규탁, 2017). 젊은 세대도 부모와 가족에 대한 태도와 행동에서 이러한 가치관과 관행이 드러나 보인다(이준우, 서문진희, 2016; 최연실 외, 2015: 38~40; 조지현, 오세균, 양철호, 2012; 한정란, 2003).

부모를 중심으로 하는 자녀, 형제자매, 친척, 그리고 가까운 친구와 이웃은 위와 같이 정관계를 가지면서 서로 돌보아 나가는 성향이 짙다. 즉, 이 집단은 정으로 찬 감정적 유대 관계를 간직하며 떨어져 살면서도 이런 관계를 이루며 서로 돌보아 나간다(김낙진, 2004: 63; 김영범, 박중식, 2004).

핵가족화, 저출산, 고령화 등의 변화는 가족생활에 큰 영향을 미치고 있다. 하지만 사람들은 위와 같이 가족에 대한 정이 강하여, 가족의 번영, 명예, 영속을 중시하는 가족 중심적 정관계를 유지하며 노부모를 돌보고 있다(최상진, 2012: 15; 최문형, 2004; 신용하, 2004).

4) 존중하면서 돌봄

돌봄 서비스를 하는 데 있어 가장 중요한 것은 노부모님을 존중하며 이분들의 존엄성을 받드는 것이다. 앞서 논한 바와 같이 존중은 부모 돌봄(효)의 으뜸가는 표현이다.

심리치료의 대가 C. Rogers(1961: 74, 82)는 치료자는 고객을 존중하고 동정해야 하며 그에게 따뜻하고 애정에 찬 태도를 보여주어야 함을 강조하였다. 그는 치료자가 고객에 대해 깊이 존중하는 태도를 가지면, 그 고객을 애정으로 수렴하는 단계로 진입할 수 있다고 했다. 사회사업 임상의 대가 E. Gambrill(1983: 152-154)는 사회사업가들은 고객에 대한 존중의 중요성을 인식하고 이를 실천에서 분명히 발현해야 한다고 역설했다. 그리고 Sung & Dunkle(2009)는 고령의 고객을 면접할 때 존중하는 가치를 발현하면 이 노고객은 상담·치료가 끝난 뒤에도 담당 사회복지사에 대해 친밀한 감정을 가지며, 받은 돌봄 서비스에 대해 긍정적 평가를 한다는 사실을 발견하였다.

이러한 일련의 사실을 생각할 때 나의 부모님을 포함한 고령자들을 마음속에서 우러나는 존경심으로 돌보아 드려야 함의 중요성을 실감할 수 있다. 사실 부모를 존중함은 가족적 집단이 전통적으로 실행해 온 효행이기도 하다.

5) 상호 의존하며 돌봄

퇴계는 향촌 사람들이 일체감을 가지고 자주적으로 서로 의존하며 돌보는 사회 체계로서 향약(鄕約)을 입조해서 운용하였다. 향촌 사람들이 하나의 '우리'를 이루어 공동의 복지를 추구하는 자율적인 공동체를 이루었던 것이다. 퇴계는 현대의 우리가 희구하는 상호 의존적 지역공동체의 복지를 증진하는 접근을 벌써 오래전에 실행한 것이다(나병균, 1985; Netting et al., 2016).

퇴계가 『성학십도』에서 제시한 일련의 가르침은 사람들의 상호 의존적 관계의 윤리 도덕성을 소상히 해명하는 내용이라고 본다. 현대의 연구자들도 한국이 포용된 동아시아 문화에서는 상호 의존하는 생활 방식을 유지하는 경향이 현저함을 지적하고 있다(김낙진, 2004; Tu, 1995; Kim et al., 1994; 송성자, 1997; Roland, 1989; De Vos, 1988).

어려서부터 밀접한 인간관계가 진행되는 가족 중심적 '우리' 사회망 속에서 성장한 한국인은 서로 의존하는 생활 방식과 행동 양식에 길들어 있다. 한국인은 서양 사람들처럼 개인주의적 자기 지향보다는 가족을 포함한 집단에 속하면서 '우리' 의식을 가지고 다른 사람들과 상호 의존하면서 나를 실현하는 성향을 갖는다(송성자, 1997; 신용하, 2004; 성규탁, 2016).

서로 의존하면서 돌보는 관계는 부모와 자녀 간에 생애주기에 따라 진행되는 다음과 같은 호혜적 돌봄을 보면 알 수 있다.

어린이는 성장 과정을 통하여 부모로부터 사랑, 존중 및 측은지심으로 정서적 돌봄은 물론, 의식주를 비롯한 일용품, 탁아, 병간호 등 물질적 돌봄을 받으면서 전적으로 부모에게 의존하면서 자란다. 이들은 소년·청년기에 들어서도 자기 존중, 자기 신뢰, 애정 관계를 높이려고 가족원들에게 의존한다. 이어 고령기에 접어들어 사회적 및 신체적으로 어려워지면 노부모는 자녀에게 의존하게 된다. 위와 같이 부모와 가족원 간에 생애주기에 따라 상호 의존하면서 서로 돌보는 호혜적 관계가 이루어진다.

특정한 문화적 맥락에서는 부모 자녀 간의 의존 정도가 더 높다. 한국을 포함한 동아시아 나라들의 경우가 그러하다(Roland, 1989; Streib, 1987). 이런 관계는 의존을 비정상적인 사회관계로 보는 서양 문화에서의 인간관계와 대조된다.

[주: 나와 다른 사람과의 상호 의존적 관계에 대해 현대 신유학(新儒學)의 석학 두웨이밍(杜維明)은 다음과 같이 말했다(Tu, 1995). "나 한 사람은 나를 둘러싸고 있는 사람들이 나에 대해 동정심을 가지고 나의 존재를 인정해 줌으로써 비로소 나 자신을 실현할 수 있다." 사람은 결코 홀로 살아가는 것이 아니라 다른 사람과 어울려 서로 돌보는 사회관계를 이루면서 살아간다. 상호 의존하면서 사는

관습은 유교 문화권 사람들의 공통적인 특색이다.]

대다수 노부모는 노령기에 흔히 본의 아니게, 의존하는 처지에 놓이게 된다. 즉, 자녀의 의존을 받아주는 관계에서 그들에게 의존하는 처지로 전환하는 것이다. 연령이 높아져 의존성이 증가할수록 자녀와 동거하는 비율은 높아진다(65~69세 동거 23%; 70~79세 동거 33%; 80세 이상 동거 42%)(권중돈, 2004: 287). 이 자료가 시사하듯이 비교적 많은 자녀가 의존적인 노부모의 사정을 수렴하며 자녀의 의무로서 이분들과 동거하는 사례가 많다.

[주: 한국 고령자의 다수(79%)는 고령기에 자녀와 함께 살 의사가 없다는 의견을 표시한다(보건복지부, 2014). 하지만 이런 의견은 부모가 비교적 젊고 건강할 때 가질 수 있는 희망적인 것이라고 본다.]

노부모·고령자의 대다수는 고령기에 들어 자원해서 또는 본의 아니게 자녀로부터 정서적 및 수단적 돌봄을 받게 된다. 저자의 사회적 지원망 조사에 의하면, 노부모의 91%가 어려울 때 제일 먼저 찾는 곳이 가족이다(성규탁, 2016). 그리고 자녀와 떨어져 사는 노부모의 다수가 병약해지면 자녀와 가까운 곳으로 이전하거나 자녀와 동거하게 된다. 의존을 병으로 보는 서양 사회에서도 대다수 고령자는 성인 자녀와 가까운 데로 옮겨와 살거나 함께 살면서 여생을 보낸다(Connidis, 2009; Queresi & Walker, 1989).

이러한 동서양의 실상을 보아 노부모와 성인 자녀 간의 돌봄을 둘러싼 상호 의존 관계는 자연적인 또는 부득이한 현상이라고 하지 않을 수 없다. 다만 의존하는 정도의 높고 낮음, 그 기간의 길고 짧음, 그리고 정서적 돌봄과 수단적 돌봄의 어느 것을 더 많이 또는 더 적게 필요로 하는가의 차이가 있을 따름이다.

개개 가족의 생활 형편, 자조 능력, 응집력이 다르기는 하지만, 한국 가족의 공통점은 가족원들 사이에 위와 같은 서로 의존하면서 서로를 돌보는 관계가 지속되고 있으며, 서로의 안녕과 가족의 번영에 대한 책임을 나누어 가지는 성향이 있는 점이다(최재석, 2009; 송복, 1999).

최재석 교수는 한국 가족 연구에서 위와 같은 특성이 소멸되었다는 증거는 나오지 않고 오히려 그러한 전통적 가족 가치가 남아있다고 했다. 신용하 교수는 부모 자녀가 서로 의존하며 돌보는 효의 관습을 세계적으로 자랑할 수 있는 우리의 문화적 자산이라고 했다.

6) 부모 자녀 간 호혜적 돌봄

인간 사회에서 호혜적 관계를 이루는 시초이자 원점이 바로 부모 자녀 관계이다(류승국, 1995; Becker, 1986).

부모 자녀 관계에 대해 사회학자 최상진(2012: 253)은 다음과 같이 설명하였다.

부모 자녀 간의 혈통(핏줄)을 같이함으로써 자연적으로 생기는 인정(사람의 정)은 처음에는 부모로부터 시작되나, 자녀가 성장하면서 사회화되는 과정에서 자녀가 부모를 생각하는 심정을 간직하게 되고, 이어 이러한 심정은 부모 자녀 간에 정을 주고받는 식으로 교환되며 이 교환이 점차 강화된다. 이 과정에서 자녀는 노부모에 대한 단순한 정과 친밀감의 차원을 넘어 고마움, 송구스러움, 안타까움 등을 느끼는 동시에 보은 의식(은혜를 갚고자 하는 마음)을 갖게 되며, 한편 부모는 자녀에 대해 측은지정과 더불어 친밀감으로 충만한 혈육 의식을 가지게 된다. 부모 자녀 간의 관계는 이러한 자연적이고 끊을 수 없는 깊은 정으로 이루어진다.

그러나 이런 특수한 관계에서도 부모와 자녀는 서로가 마땅히 지켜야 할 규범을 따른다. 이 규범의 대표적인 것이 퇴계가 역설한 서(恕)이다. 서는 "내가 원하지 않는 것은 남에게 하지 않는다.", "내가 서고자 하는 데 남을 세운다."라는 정신이며 인(仁)을 실행하는 이타적 가치이다(퇴계집, 인설).

부모와 자녀 간에도 이러한 서의 관계가 적용됨은 말할 것도 없다. 자녀는 부모에게 그리고 부모는 자녀에게 원하지 않은 것을 하지 않는다. 서로에게 도움이 되는 것, 서로가 바라는 것, 서로가 바람직하다고 보는 것, 서로가 필요로 하는 돌봄을 자진해서 너그럽게 주고받는 호혜적 관계이다.

호혜적 관계와 공평성

호혜적 관계에는 공평성이 깃들어 있다.

다음 맹자의 말은 세대 간 서로 돌봄의 공평성을 구체적으로 밝힌다고 볼 수 있다(『맹자』, 「만장장구 하」 3).

아랫사람이 윗사람을 공경하는 것은 귀귀(貴貴)이고, 윗사람이 아랫사람을 공경하는 것은 존현(尊賢)이다. 그 뜻은 다 같다.

이 명언(名言)은 윗사람을 섬기는 것이나 아랫사람을 섬기는 것이나 그 귀중함과 현명함이 같다는 말이다. 노소 간 공평한 서로 돌봄의 당위성을 지적한 것이다.

호혜적 관계는 친근한 사람들 사이의 상호 의존적 관계, 즉, 서로 도움을 기대하면서 서로에게 도움을 제공하는 상호 지원 관계이다. 이와 같은 관계가 한번 이루어지면 서로 돌보는 결속된 관계가 오랫동안, 아니 영원히 계속될 수 있다. 이 관계에서는 혜택을 준 사람은 이어 혜택을 받는 사람이 되고, 그는 다시 혜택을 주는 사람이 된다. 즉, 혜택을 주고받는 호혜적 관계가 지속해서 되풀이되는 것이다. 결과적으로 서로가 서로에 대해 의존하는 관계가 이어진다. 이 상호 의존하는 관계에서는 양측이 모두 상대방에게 중요한 또는 필요한 존재가 된다.

이러한 호혜적이며 공평한 관계는 상호 간의 긴밀하며 결속되고 지속되는 교환관계이다. 이런 관계의 대표적인 것이 퇴계가 밝힌 부모 자녀 간의 관계 ─ 부자자효(父慈子孝) ─ 이다. 하늘이 주신 자연적이고 끊을 수 없는 특수한 관계이다. 이 호혜적 관계에는 퇴계가 강조한 인의 표상인 존중, 사랑, 측은지심, 서(恕)가 발현되는 것으로 본다. 퇴계는 이와 같은 덕성(德性, 어진 성품)을 가족 중심으로 서로 돌봄으로서 발현해야 함을 가르쳤다(이황, 『성학십도』, 제6장).

7) 생애주기에 따른 돌봄

부모 자녀 사이의 위와 같은 호혜적 관계도 생애주기에 따라 그 정도와 양태가 다소간 달라질 수 있다. 고령기에 들어 건강이 나빠지고, 친구가 세상을 떠나고, 외부와의 접촉이 적어지고, 여가 활동이 줄어듦에 따라 가족원 간의 서로 돌봄은 더욱 중요하게 된다.

부모 자녀 관계에 대한 다수의 연구 조사는 세대 간 서로 돌봄에 관한 주제를 다룬다. 그런데 이 조사들은 자녀가 부모를 지원하는 데 논의를 집중하고 있다. 이것은 일방적인 시각에서 오는 것이다. 조사 결과를 자세히 들여다보면, 자녀가 부모를 돌보는 데 못지않게 부모가 자녀를 지원하는 사례가 많은 것이다. 이러한 사실을 보아 세대 간 돌봄은 결코 일방적이 아닌 양방향의 호혜적 행위라는 시각을 가질 필요가 있다.

이 세상의 모든 것은 서로 의존하면서 서로에게 영향을 미치고 있다. 모든 것의 본성은 다른 것들의 쓸모가 됨에 그 본질적 내용이 있다. 즉, 다른 것들의 삶에 기여함으로써 자체의 존재 이유를 갖는 것이다(김낙진, 2004: 173; Tu, 1995).

그렇다면 퇴계가 권고한 대로 모든 사람은 나의 사사로운 이익을 추구하는 대신 공동체의 복리도 추구하는 노력을 해야 함은 자명한 일이다. 즉, 나와 넓은 사회와의 호혜적 관계를 이룩해야 함이 마땅한 것이다.

맹자는 사회적 관계는 서로 돌보는 호혜적 관계임을 역설하였다. 그는 사람들이 가슴속으로부터 일체감을 느끼며 살 수 있는 사회를 꿈꾸며, 타인에 대한 사랑과 의롭고자 하는 마음에서 가능성을 찾아야 한다고 했다. 한 국가의 성원들이 한 가족처럼 헌신하며 베풀고, 다른 사람들에 대하여 애정과 보답의 감정을 가지고 살아가는 것이 그가 지향한 이상 사회였다(『맹자』, 「양혜왕 상」).

유학자들은 이 사상에 따라 이익(利益)이나 공리(功利)라는 말을 기피한다. 그 대신 양보, 헌신, 베풂, 화해 등이 그들이 즐겨 쓰는 말이 되었다. 모두가 이타적 덕성을 나타내는 말이다.

가족을 중심으로 이루어지는 부모 돌봄은 가족원들이 자율적으로 애정과 존중으로 부모에게 제공하는 돌봄이다. 국가의 법적인 규정에 준거하여 제공되는 타율적인 돌봄과 대조된다. 이러한 돌봄은 태어나서부터 오랜 세월 부모와 길들인, 깊고 두터운 정과 이분들로부터 받은 도움 때문에 자주적으로 나타나는 것으로 본다.

부모와 자녀 간의 깊은 정(情)은 초기에는 부모로부터 시발하나, 자녀가 성장하고 사회화되는 과정에서 자녀의 부모에 대한 깊은 정으로 진전된다. 이 과정에서 자녀는 부모에 대한 단순한 정의 차원을 넘어 고마움, 송구스러움, 안타까움을 느끼는 동시에 보은 의식을 가지게 되고, 부모는 자녀에 대해 측은지정과 더불어 깊은 혈육 의식을 갖는다(최상진, 2012: 253).

이러한 부자 관계가 발전되는 과정을 다음과 같이 자녀가 성장하는 단계에 따라 고찰할 수 있다.

먼저 애착(愛着) 이론에서는 성장 초기 자녀의 부모에 대한 정서적 및 애정적 유대가 장래 부모가 어려울 때 돌보는 행동을 하게 만드는 원인이 된다고 본다. 따라서 부모 돌봄에 대한 책임감은 부모에 대한 빚(은혜) 때문이라기보다는 부모와의 친밀성, 감정적 유대, 깊은 정에 바탕을 둔다고 본다(Cicirelli, 2011; 최상진, 2012).

사회화(社會化) 이론에서, 자녀는 성장하면서 겪는 사회화로 인하여 부모에 대한 책임감을 가지게 된다. 성장한 자녀는 부모를 돌보는 데 대한 사회적 규범을 알게 되어 이를 따른다. 이 규범은 가족 구조, 경제적 자원, 전통주의적 가치, 부모에 대한 책임감 등에 따라 차이가 있을 수 있다(성규탁, 2016). 가부장적인 가족관계에서 효 의식이 보편화된 우리 사회에서는 장남의 돌봄 책임과 며느리의 돌봄 역할이 여전히 중요시되고 있다(정현숙, 옥선화, 2015: 129).

사회교환(社會交換) 이론에서는 인간관계의 호혜성에 기초하여, 부모가 자녀에게 음식, 돌봄, 사회화 등 필요한 것을 제공해 주었기 때문에 자녀도 부모가 아프거나 쇠약해질 때 그분들의 정서적 및 물질적 욕구를 충족해 주고 보호와 돌봄을 하게 된다고 본다.

위와 같은 사회적 및 윤리적 관점이 여전히 받들어지고 있다. 하지만 시대적 변동에 따라 가족의 돌봄 기능은 점차 약화되는 경향이다(정현숙, 옥선화, 2015; 통계청, 2008~2014).

이런 시대적 변화의 맥락에서 다음 장에서 논의하는 국가의 가족 지원 ― 사회적 돌봄 ― 이 확대되어야 할 조짐이다. 가족의 노부모 돌봄을 국가가 어느 정도 지원해야 하는지에 대해서 논란이 이어지고 있다. 국가의 사회보장제도가 미완성 상태에 있고 국가의 재원이 제한되어 있음을 고려하면, 가족 중심의 노부모 돌봄(효)에 대한 새로운 인식을 토대로 새 시대의 생활 양식에 걸맞게 부모와 자녀가 생애주기에 따라 호혜적으로 돌보는 가족적 돌봄이 바람직할 뿐만 아니라 필요하다고 본다.

2. 가족적 돌봄 제공자 ― 부모, 자녀, 형제자매, 부부, 친척, 친구, 이웃

부모와 자녀를 비롯한 돌봄 제공자들은 앞서 거론한 원초집단의 속성인 친밀성과 정실로써 가족 중심적 돌봄을 다음과 같이 이루어 나간다.

부모와 자녀

가족적 돌봄 집단 안의 우리는 국가가 법령으로 권장하는 고령자 존중(敬老)을 하고 부모에게 효(孝親)를 하며 사회적 예의를 지킨다. 이렇게 경로와 효행을 하며 예의를 지키는 자아는 위에서 논한 부모와 자녀 간에 생애주기에 따라 진행되는 돌봄 과정을 보면 알 수 있다.

어린이는 부모로부터 의식주를 비롯한 일용품, 탁아, 병간호 등 물질적 돌봄을 받으면서 전적으로 부모에게 의존하면서 자란다. 이들은 소년-청년기에 들어서도 자기 존중, 자기 신뢰, 애정 관계를 높이려고 가족원들에게 의존한다(김경희, 2003; Simmel, 2008). 한편 부모는 고령기에 접어들어 사회적 및 신체적으로 어려워지면 자녀에게 의존하게 된다.

위와 같이 유아기와 노년기에는 생존 그 자체를 위해 부모 자녀 간에 상호 의존적인 서로 돌봄 관계가 이루어진다. 노년기의 부모는 자녀의 핵가족들, 손자녀의 핵가족들, 친척의 핵가족들로 이루어진 가족망 안에서 발전된 통신 및 교통수단을 이용해 상호 연계되어 필요할 때 돌봄을 받는다.

어려움을 당해 자기 능력으로 해결하지 못하는 병약한 노부모를 돌본다는 것은 어느 문화에서나 지켜야 할 윤리적 규범이다. 특정한 문화적 맥락에서는 노부모와 성인 자녀 간의 의존도가 더 높고 그러한 규범도 비교적 더 강하게 지켜지고 있다. 한국을 포함한 동아시아 나라들의 경우가 그러하다(신용하, 2004; Streib, 1987; DeVos, 1988).

대다수 노부모는 노년기에 건강을 잃고, 소득이 없어지고, 배우자가 사망하고, 친구들이 세상을 떠남에 따라 성인 자녀에게, 흔히 본의 아니게, 의존하는 처지에 놓이게 된다. 즉, 여러 해에 걸쳐 자녀의 의존을 받아주던 관계에서 그들에게 의존하는 처지로 전환하는 것이다.

노부모 대부분이 동거 및 별거하는 자녀로부터 경제적 지원(현금, 가사)을 받으며(56~60%), 간병·수발과 심리적 부양을 받고(34~71%) 있다(한국보건사회연구원, 2016; 권중돈, 2019). 성인 자녀는 노부모를 위한 주된 가족적 돌봄 제공자이다.

통계 자료에 의하면, 고령자의 연령이 높아져 의존성이 증가할수록 자녀와 동거하는 비율은 높아진다(65~69세 동거 23%; 70~79세 동거 33%; 80세 이상 동거 42%)(권중돈, 2004: 287; 2016: 222).

위의 자료가 시사하듯 상당수의 성인 자녀는 의존적인 부모의 사정을 수렴하고 자녀의 의무로서 이분들을 돌보는 경향이 있다(한국갤럽, 2011. 01. 31; 김미혜 외, 2015; 이준우, 서문진희, 2016).

한국인의 다수(79%)는 고령기에 자녀와 함께 살 의사가 없다는 의견을 표시한다는 조사 자료가 있다(보건복지부, 2014). 하지만 이런 자료는 부모가 비교적 젊고 건강할 때 가질 수 있는 희망적인 면을 알리는 것이라고 본다. 고령기에 접어들면 이러한 희망은 현실적으로 달라지는 것으로 보인다.

우리나라 고령자들의 대다수는 자원해서 또는 본의 아니게 자녀로부터 다소간의 정서적 및 수단적 도움을 받고 있다(김미혜 외, 2015). 저자의 사회적 지원망 조사에 의하면, 고령자의 91%가 어려울 때 제일 먼저 찾는 곳이 가족이다(성규탁, 2016). 그리고 성인 자녀와 멀리 떨어져 사는 부모들의 다수가 병약해지면 자녀와 가까운 곳으로 이사하거나 이들과 동거하게 된다(권중돈, 2019). 의존을 병으로 보는 서양 사회에서도 대다수 노부모는 병약해지면 성인 자녀와 함께 살거나 그들 가까이 옮겨와 여생을 보낸다(Lewis, 1990; Connidis, 2001).

위와 같은 동서양의 실상을 보아 부모와 자녀 간의 상호 의존하면서 서로 돌보는 관계는, 특히 고령기에 들어선 노부모에게는 자연적인 또는 부득이한 현상이라고 볼 수 있다. 다만 의존하는 정도의 높고 낮음, 그 기간의 길고 짧음, 그리고 정서적 돌봄과 수단적 돌봄의 어느 것을 더 많이 또는 적게 필요로 하는가의 차이가 있을 따름이다.

유아기와 성장기에 부모가 제공하는 돌봄에 전적으로 의존하며 자라난 자녀는 이제 고령의 부모를 돌보는 역할을 수행하게 된다. 생애주기에 따른 돌봄 역할의 전환이 일어나는 것이다.

이러한 생애주기에 따른 변동이 있기는 하나 부모와 자녀는 서로 돌봄 관계를 지속한다. 그리하여 고령의 노부모(조부모도 물론)가 일단 돌봄이 필요하게 되면 제일 먼저 (손)자녀를 찾아 돌봄의 손길을 기대하게 된다. 사회적 지원망에 대한 저자의 조사에서도 이와 같은 결과가 나왔다(성규탁, 2016). 자녀의 핵가족과 부모의 핵가족이 사회적 망을 이루어 상호 의존하면서 서로 돌보아 나가는 것이다(김영범, 박준식, 2004; 성규탁, 2017). 가족적 돌봄 집단의 자체 돌봄의 실상이고 장점이다.

딸이 곤경에 빠진 병약한 노부모를 자기 집으로 모셔 와서 마치 자기의 자녀를 돌보는 것 같이 애정, 존중, 측은지심으로 극진히 돌보아 이분들이 보람 있는 여생을 보내도록 한 호혜적 돌봄의 미담을 생각하게 된다(「효도실버신문」, 2018.8.13.).

형제자매

퇴계는 형제간 우의도 부자간 효와 같이 인을 발현하는 덕목임을 밝혔다(이황, 『성학십도』, 「인설」). 퇴계는 "무릇 천하의 나이 많은 사람은 모두 내 집안의 어른인데, 내 어찌 형을 섬기는 마음으로 미루어 그를 섬기지 않을 수 있겠는가."라고 하여 가정의 형제간 유대 관계를 사회의 모든 인간관계로 확장하였다(금장태, 2001: 228).

형제자매 간의 윤리를 형우제공(兄友弟恭)이라고 하여 형은 동생을 우의로써 돌보며, 아우는 형을 존중하고 따를 의무를 가르치고 있다(금장태, 2012: 220).

형제자매는 같은 부모로부터 태어나 혈연관계를 맺어 서로에게 친밀감을 느끼고 깊은 우애를 가지며 자라난다. 이들은 자라나면서 함께 보낸 세월을 회상하며 가정생활에 대한 긍정적인 기억을 더듬어 간다. 정서적 및 물질적으로 서로 돌보고, 안내와 자문, 보호와 지원을 해준다. 가족의 역사를 공유하며 평생 친밀한 유대 관계를 이어간다.

그동안 인구 감소와 맞물려 형제자매 수가 줄어 형제자매 간의 깊은 정을 느끼지 못하며 자라나는 세대가 늘어나고 있다. 그리고 전통적 가족제도의 문제점이 깨끗이 가시지 않고 있다. 즉, 남성우월주의, 출가외인 시각(여자는 결혼하면 시집에 소속되어 친정과의 관계가 멀어진다는 견해), 남성 자녀를 여성 자녀보다 중시하는 장자 위주 제도, 재산 상속에 있어 딸을 차별하는 관습 등이다. 이러한 관습은 형제자매 간 서로 돌봄을 저해할 수 있다. 다행히 국가의 법적 조치와 새 시대의 생활 패턴에 따라 이런 문제들이 해소되어 가고 있다.

형제자매가 화합을 이루지 못할 경우도 있다. 예로 유산분배 문제로 대립할 수 있고, 연령의 차이와 이성(異性)의 구별이 있고, 종교, 교육 및 직업의 차이가 생길 수 있다. 그러나 이러한 대립, 차이 및 구별은 서로 간의 우애와 존중에 힘입어 조절될 수 있다.

고령의 형제자매는 어려움을 당하면 서로 돌보는 전통을 이어간다. 생일, 혼사, 졸업식, 기타 기념할 행사를 함께 축하하고, 제사, 성묘, 종친회 모임에 같이 참여하고, 질병, 사고 등 어려움을 당할 때 위문하고 돌보면서 친밀한 유대 관계를 다져 나간다. 가족적 집단의 인간 중시적 서로 돌봄이 이루어지는 것이다.

형제자매의 우애를 가족 전체로 확장할 때, 부부와 형수 및 시동생 사이의 다정한 돌봄 관계도 포함된다.

부부

노년기에 접어들면 부부간의 서로 돌봄 관계가 더욱 중요하다. 부부관계는 애정, 존중, 친밀, 상호 의존, 신뢰로 연결된 특수한 관계이다(이혜자, 김윤정, 2004).

노부부는 함께 생의 만족을 즐길 뿐만 아니라 문제에 부딪히면 서로 위로하며 돌보아 나간다. 고령자와 동거하는 배우자가 주된 돌봄이로 되어 있다(62%~82%). 은퇴기 행복의 높고 낮음은 상당한 정도로 부부간 서로 돌봄의 정도에 따라 결정된다.

배우자의 신체적 또는 정신적 손상은 심한 정신적 부담과 재정 문제를 일으킨다. 이런 경우 사회적 접촉과 사회적 돌봄은 매우 중요하다. 접촉과 돌봄을 통하여 어려움을 극복하는 데 도움이 되는 관심과 서비스를 받을 수 있다.

고령기에 접어든 부부는 돌봄을 주고받기 위해 자녀와 더욱 긴밀한 관계를 가진다. 부모는 젊은 가족원들로부터 재정적 도움을 포함하여 교통편, 집수리, 장보기, 병원 방문 등을 위해 도움을 받는다. 한편 다수의 노부모도 여전히 자녀에게 정서적 및 재정적 돌봄을 해나간다. 자녀를 돌봄으로써 부모는 성취감과 행복감을 가지게 된다.

일반적 편견과는 달리 노부모는 가족으로부터 버림을 받는 존재가 아니다. 대다수 부모는 정기적으로 또는 자주 성인 자녀와 접촉한다. 부모와 자녀가 멀리 떨어져 사는 경우에도 서로 통화와 방문을 하고, 선물 교환 및 재정 지원을 하며 유대 관계를 이루어 간다.

노부모는 자녀의 독립적 생활을 존중하고, 자신들의 취미와 활동에 힘을 쓰며 독자적 생을 꾸려 나간다. 시간이 나면 자녀들과 자신들의 장기 요양, 긴급 의료, 재산 처리 및 사후 장례에 관하여 상의한다.

노부부가 건강이 나빠지고 인지능력을 잃게 되면, 먼저 가족원이 개입해서 돌보게 된다.

생의 전 과정을 통해서 이와 같은 부모와 자녀 간의 서로 돌봄 관계가 이어진다.

친척

노부모는 친척과도 돌봄 관계를 유지한다. 혈연으로 맺어진 내척 및 외척, 그리고 혼인으로 맺어진 인척에 속하는 친척이다. 친척은 노부모가 살아가는 데 힘이 되어주며, 어렵거나 힘들 때 곁에서 버팀목이 되어주는 사람들이다. '우리'라는 관념 속에 들어 있는 사람들이다.

가족주의적 성향을 지적하는 친척 중시 태도가 여전히 널리 퍼져 있다(최재석, 2009; 김영범, 박준식, 2004; 최연실 외, 2015: 38-39). 친척은 사회적 돌봄망을 형성하여 서로 돌봄 체계를 이룬다(김낙진,

2004: 48). 혈연으로 엉켜진 친척이 서로 돌보는 공동체를 이룬다는 것은 고령자 복지를 위해 매우 중요하다.

한국인을 일반적으로 친척과의 관계를 중요시한다. 친척과의 관계에 관한 다음 사항들에 대한 질문에 대해서 모두 '매우 찬성' 또는 '찬성'하는 응답이 나왔다. 즉, '친척의 길흉사에 부조함', '어려운 친척을 돌봄', '중요한 결정을 할 때 친척과 의논함', '조상제사에 친척과 함께 참여함' 등이다(성규탁, 2010).

친척 간의 서로 돌봄 관계는 우리 사회에서 오랫동안 지속할 것으로 본다(최재석, 1994; 성규탁, 2017). 특히 친척이 관혼상제에 참여해서 정서적 및 재정적으로 돌보는 관행은 분명한 덕행이며 사회복지적 관점에서 중요하다.

어려움에 부딪힌 부모가 가족 외에 도움을 요청할 수 있는 사람은 친척이 손꼽힌다. 출산율이 감소하고 가족망과 사회적 지원망이 줄어듦에 따라 친척 간의 서로 돌보는 관행의 중요성은 더해가고 있다.

친구와 이웃

형제자매와 친척이 노부모를 돌볼 수 없을 때 친구, 이웃 및 공익집단(상조 그룹, 동우회, 교회모임, 계 모임 등)으로 이루어진 비혈연적인 사회적 망이 돌봄의 손길을 뻗는다(김명일, 김순은, 2019). 사회적 돌봄 조직도 이런 망의 주요 부분을 이룬다. 이 망을 이루는 멤버들은 정서적 지지, 충고, 안내, 정보 제공, 물질적 원조, 필요할 때 친구가 되어주는 것, 어려움이 있을 때 보살펴 주는 것, 전문적 돌봄 서비스를 받도록 돕거나 직접 제공해 주는 등 노부모의 안녕을 위한 돌봄 서비스를 제공해 줄 수 있다.

가족들은 생활 형편, 자조(自助) 능력, 응집력이 다르기는 하지만, 위와 같이 긴밀하고 응집력 있게 서로 돌보는 감정적 및 행동적 유대 관계를 유지한다. 각 가족구성원은 노부모를 중심으로 친밀한 대화와 교환을 이루며 하나의 정으로 찬 단일체를 이루어 공생(共生)한다(최상진, 2012; 최재석, 2009; Roland, 1989).

3. 주거 형태와 가족적 돌봄

많은 성인 자녀는 노부모와 떨어져 살고 있어 지리적 거리로 인해 노부모 돌봄이 어렵게 된다. 하지만 부모 자녀 간의 애정, 존중, 측은지심으로 이루어진 감정적 유대는 강하여 떨어져 살면서도 여러 가지 대안을 찾아 돌보아 나간다.

성인 자녀들의 주거 형태를 두 가지로 나눌 수 있다. 하나는 가족원들이 함께 사는 경우(동거)이고 다른 하나는 떨어져 사는 경우(별거)이다.

저자가 조사한 바에 의하면, 거의 모든 고령자가 필요할 때 제일 먼저 도움을 요청하는 대상은 그들의 자녀와 가족이다(성규탁, 2017).

가족이라 함은 한 가구 내에서 부모와 거주하는, 또는 분산되어 거주하는 복수 가구의 결혼한 아들과 며느리, 결혼한 딸, 미혼 자녀, 손자녀로 이루어진 가족을 말한다. 달리 말하면 부모의 핵가족, 아들의 핵가족, 딸의 핵가족, 손자녀의 핵가족으로 이루어진 서로 돌보는 가족망이다.

1) 별거와 부모 돌봄

다수 성인 자녀는 직장, 교육, 결혼 생활 때문에 부모와 떨어져 산다. 부모도 살기 편한 곳, 경제적으로 살 수 있는 곳, 의료시설이 잘되어 있는 곳, 교통이 편리한 곳으로 옮겨 가며 자녀에게 폐가 되지 않도록 거리를 두어 사는 사례가 늘고 있다.

우리는 지난 반세기 동안 세계에서 가장 많이 지리적 이동을 하였다. 지리적 이동은 핵가족화를 촉진하고 부모와 떨어져 사는 자녀 수를 증가시키는 주요인이다. 결과적으로 혼자 사는 노부모와 배우자와 사는 노부모의 수가 많아진다(보건복지부, 2014; 권중돈, 2010: 25-39; 김익기 외, 1999: 103-109).

떨어져 살면 가족원들 사이에 접촉, 대화 및 손끝으로 하는 돌봄을 할 기회가 줄어든다. 사실 성인 자녀와 멀리 떨어져 사는 노부모는 재정적, 보건의료적, 사회적, 심리적 문제를 이들과 동거하는 경우보다도 더 많이 호소하는 경향이 있다.

거리상으로 떨어져 살기는 하나 대다수 성인 자녀들은 발전된 교통, 통신 수단을 활용하여 전화, 화상통신, 이메일, 편지 그리고 방문을 해서 노부모와 접촉하여 애정을 나누며 재정을 지원해서 정서적 및 물질적으로 돌보아 나간다(권중돈, 2017: 262-263). 형편이 여의치 않아 이렇게 하지 못하는 자녀는 다른 사람에게 위탁해서 노부모를 돌보아 나간다.

2) 동거와 부모 돌봄

60세 이상의 고령자의 30% 정도가 자녀와 동거하고 있다(통계청 사회조사, 2014). 이 숫자는 서양 나라들보다 높은 편이다. 고령화, 건강 퇴조 및 저소득이 흔히 지적되는 동거로 이끄는 요인이다. 부모가 고령이 되어 의존도가 높아질수록 자녀와 동거하는 비율은 높아진다(65~69세 동거 23%; 70~79세 동거 33%; 80세 이상 동거 42%)(한국보건사회연구원, 2017.) 그리고 소득이 적은 가족일수록 동거하는 사례가 많아지는 경향을 보인다.

성인 자녀는 부모와 동거함으로써 별거하는 경우보다도 특히 수단적으로 돌보는 의무를 더 잘 수행할 수 있다. 고령이 되어 건강이 나빠질 때 자녀와 동거한다는 것은 곧 가족적 보호와 간호를 받을 수 있음을 뜻한다. 그뿐만 아니라 가족적 관심과 정으로 돌봄을 받으면서 정서적 혜택을 누릴 수 있다.

이런 경우 대다수 노부모도 자녀를 위해 여러 가지 돌봄 서비스를 한다. 즉, 자녀와 서로 돌보는 호혜적 관계를 이룬다. 예로 자녀에게 격려, 위로, 상담을 해주고, 손자녀 지도, 아이 보기, 가사 돌보기, 재정 지원 등을 한다. 딸이나 며느리가 직장을 가지고 밖에서 일하는 경우 부모(특히 어머니)는 그 집의 가사를 도맡는다.

동거는 성인 자녀와 노부모가 서로 돌보는 데 좋은 조건이 될 수 있다. 양편의 경제적 및 사회적 니드를 충족할 수 있기 때문이다. 그러나 동거를 바람직하지 않다고 보는 견해가 있다. 즉, 동거에 따른 문제 — 프라이버시의 결여, 생활공간 부족, 재정 부담, 갈등과 충돌 등 — 있을 수 있다는 것이다.

이러한 부모 자녀 간에 일어날 수 있는 혜택과 불편함을 고려할 때 결국 동거는 자녀와 부모가 의논하여 혹은 전문인의 상담을 받아 가족이 선택할 과제라고 본다.

부모와 자녀가 동거하는 것은 주택 부족이나 경제 문제 때문이기보다는 존중·애정으로 이루어진 감정적 유대로써 서로 돌보는 한국인의 문화적 관습 때문인 것으로 보는 사람들이 많다.

4. 노부모를 위한 지원망 활용

지원망은 가족적 돌봄을 보완하는 방법이다. 이 방법으로 자체 돌봄 기능이 약화된 가족의 돌봄 기능을 보강할 수 있다(Wenger, 2002).

대개 노부모 주변에는 때때로 또는 자주 도와주고 방문해 주며 심부름해 줄 수 있는 분들이 있다. 이들은 가족원을 포함한 친척, 가까운 친구, 이웃, 상조 집단(예: 교우회, 교회 모임, 계 모임 등)이다(김영범, 박준식, 2004; 성규탁, 1990).

1) 지원망의 내용

부모가 위급할 때 도움을 받기 위해 제일 먼저 찾는 곳은 가족이다(성규탁, 2017). 다음으로 친척, 가까운 친구, 이웃, 상조 집단을 찾는다. 가족만을 찾는 경우, 가족-친척을 찾는 경우, 가족-친구를 찾는 경우 그리고 친척-친구, 친구-이웃을 찾는 경우 등 대안들이 있다. 가족이 아닌 친척, 친구, 이웃을 찾는 경우는 숫자상 적다.

시대적 변동을 보아 가족 이외의 돌보아 줄 사람을 찾아 지원망을 이루어야 할 필요성이 점차 커지고 있다. 가족과 친척 이외의 친구, 이웃, 상조 단체를 찾는 경우는 많지는 않으나 돌봄이 다변적으로 이루어져 있어, 앞으로 이러한 비친족으로 이루어진 지원망을 활용할 방안을 개발해 나가야 하겠다.

가족적 돌봄 능력이 약하거나 돌보아 주는 가족원이 없는 노부모에게는 가족 바깥에서 제공하는 여러 가지 사회적 돌봄 서비스가 필요하다.

지원망은 노부모를 부양하는 가족, 특히 자녀와 떨어져 사는 노부모를 위한 가족적 돌봄 기능을 보완하고, 돌보지 못함으로써 생기는 문제를 예방하는 방법으로 활용할 수 있다.

지원망은 어려움에 처한 노부모의 정서적 안녕과 생활 만족도를 높이고, 고독과 소외 문제, 생활 위기 등 문제를 극복하도록 도울 수 있고, 가족 바깥의 사회적 돌봄 조직이 제공하는 각종 기술적 및 수단적 돌봄 서비스에 대한 지식과 정보(접근 방법, 이용 절차 등)를 제공하여 이를 활용하도록 도와줄 수 있다.

이제는 가족의 변화 때문에 지원망을 활용하여 가족의 자체 돌봄 기능을 보완해 나가지 않을 수가 없게 되었다.

2) 지원망의 기능

노부모가 필요로 하는 돌봄은 존중, 관심, 애정, 정보 제공, 안내, 충고, 말 상대와 친구가 되어주는 것, 어려움이 있을 때 돌보아 주는 것, 전문적 서비스를 받도록 돕는 것, 교통편 제공 등 다양한 형태의 정서적 및 수단적인 것이다. 이런 돌봄은 믿을만하고 의존할 수 있는 지원망으로부터 받을 수 있다.

지원망은 사람들 사이에 연결된, 서로 돌보는 인간관계의 망(網, network)으로서 가족의 보호가 없을 때나 부족할 때 가족의 대리 기능을 할 수 있다(정경희, 강은나, 2016). 이런 점에서 고령자의 복리 증진을 위한 매우 유용한 수단이 될 수 있다.

다음과 같은 분들이 지원망을 구성할 수 있다.

* 현재 부모를 도와주고 있는 분
* 집안사람
* 부모와 자녀의 오랜 친구와 친척
* 가까운 동창생
* 부모와 자녀가 속하는 사회단체나 클럽의 회원
* 가까운 이웃
* 자원봉사자
* 동사무소의 사회복지사
* 소속 교회의 목사, 신부 및 신자, 절의 스님
* 부모의 담당 의사, 간호사 및 의료사회복지사
* 부모의 담당 변호사
* 부모와 자녀가 거래하는 은행과 보험사의 담당 요원
* 기타 도움이 될 수 있는 분들

보호자인 자녀는 노부모의 지원망을 이루는 위와 같은 분들의 주소, 전화번호, 이메일을 알아 두고 이들이 어느 정도로 노부모를 도와줄 의사가 있으며 어떠한 도움을 줄 수가 있는가를 파악해 둔다. 이렇게 함으로써 앞으로 필요할 때 이분들에게 어떠한 도움을 요청할 수 있는가를 알 수 있다.

이분들에 대한 다음 사항도 알아 두는 것이 좋다.

* 현재 어떤 내용의 도움을 제공해 주고 있는가
* 부모를 수시로 방문해서 도와 드리도록 부탁을 할 수 있는가
* 부모의 생활 상황을 수시로 점검해서 나에게 알려 줄 수 있는 분인가
* 부모와 식사나 외출을 같이하도록 부탁할 수 있는가
* 부모가 믿을 수 있는 분으로서 부모의 금전 출납을 돕고 각종 요금청구서를 나에게 보내 줄 수 있는가

위와 같은 사항들에 걸쳐 도움을 줄 수 있는 분들에게 자신의 전화번호와 집 주소 그리고 이메일을 알려주고 필요할 때 언제나 수신인 지불 방법으로 전화를 해달라고 청탁한다. 그리고 부모의 용태에 관해서 수시로 전화 또는 이메일로 연락해 달라고 부탁한다. 아울러 곧 찾아 인사를 하겠고 도와주어 감사하다는 말을 전하는 것이 옳다.

그런데 떨어져 사는 노부모가 지원망을 가지지 못하는 경우가 있다. 아는 분들이 세상을 떠났거나 다른 지역으로 이사한 경우이다. 이런 때에는 부득이 그 지역의 노인복지관, 사회복지관, 자원봉사단체, 상조 그룹, 소속 교회 또는 동/면사무소의 사회복지사에게 지원

을 요청할 수밖에 없다.

노부모의 의료를 맡은 의료기관의 요원들에 대해서도 다음 사항을 알아 둔다.

* 의사, 간호사, 물리치료사, 의료사회복지사, 요양보호사 및 접수 담당자의 이름, 전화번호, 주소, 이메일
* 복용하는 약을 조재하는 약방의 주소와 전화번호
* 사용하는 각종 보조 기구(휠체어, 보청기, 재활 용구 등)의 명칭, 제작자, 수리하는 곳의 주소, 전화번호, 이메일
* 지역 내 보건, 의료, 사회복지 시설들(제공하는 서비스의 종류와 신청 방법, 대기 기간, 수수료 등)

5. 가족적 노부모 돌봄의 실제

네 가지의 보기

노부모를 위한 가족적 돌봄(효)은 앞서 논한 부자자효(父慈子孝)의 자효(子孝, 자녀가 부모를 돌봄)에 해당하는 것이다.

[주: 부자(父慈, 부모가 자녀를 돌봄)를 실행하는 사례는 '부록'에서 거론한다.]

생애주기에 따라 부모와 자녀 간에는 돌봄을 주고받는 회전이 진행된다. 성숙해진 자녀(성인과 청년)는 존중과 애정으로 고령기의 노

부모를 사회적 기대에 맞게 돌볼 수 있게 된다. 즉, 효행을 하게 되는 것이다.

그런데 성인과 청년이 되기 전의 아동도 부모가 베푸는 돌봄에 관해 감사하는 모습을 흔히 볼 수 있다. 아동이 부모에게 감사하는 행동을 '효의 시작'이라고 본다(이희경, 2010: 161; 김인자 외 2008). 아동은 나이가 들고 시간이 흐름에 따라 부모에게 감사하는 마음을 구상(마음 속에서 생각해 나감)하게 된다(김인자 외, 2008; Rice, 1984: 481-494). 소년기와 청년기에 들어서는 감사의 표현이 점차 복잡해진다. 그리하여 성숙한 자녀는 도덕적 시각에서 부모로부터 받은 사랑을 이해하고 이분들을 사회적 기대에 맞게 존중하게 된다(김경희, 2003: 44-75, 195-209, Rice, 1984: 481-494).

다음 네 가지의 보기를 들어 성인, 청년 및 아동이 부모를 존중하며 돌보는 데 관해서 살펴보고자 한다.

[보기 1] 성인(成人) 자녀의 노부모 돌봄
[보기 2] 청년(대학생)의 부모에 대한 존경
[보기 3] 아동(초등학생)의 부모에 대한 감사
[보기 4] 노부모를 위한 가사 정리

[보기 1] 성인(成人) 자녀의 노부모 돌봄

성숙해진 성인 자녀가 노부모 돌봄을 실행한 사례를 들어 보고자 한다. 퇴계가 밝힌 인간 사회의 으뜸가는 인(仁)의 표현인 효(부모 돌봄)를 실행하여 효행상을 받은 성인 987명을 대상으로 부모에게 효도한 방법과 이 방법의 중요성을 조사한 결과, 6가지 유형의 효행이 드러났다(성규탁, 2005, 2016).

[주: 이 자료는 저자가 『한국노년학회지』(성규탁, 1989)와 『미국노년학회지』(The Gerontologist)(Sung, 1990)에 발표한 것을 최근 자료를 합쳐 보완, 재분석한 것이다(성규탁, 2017).]

각각의 유형에 주어진 중요성에 따라 순위를 매겨 보았다. 아래와 같이 부모에 대한 '존경'과 '은혜 보답'이 가장 중요하다고 지적되었다. 이어 부모에 대한 애정, 책임 수행, 부모 중심의 가족 화합 및 이웃 돌봄이 뒤따랐다.

(1) 부모를 존경함
(2) 부모 은혜에 보답함
(3) 부모를 사랑함
(4) 부모에 대한 책임을 수행함
(5) 부모 중심으로 가족의 화합을 이룸
(6) 이웃 어른을 돌봄

<표 1> 효행 유형의 중요성(평균치)에 따른 등위

효행유형	*평균	모드	S.D.	등위+
존경	4.42	4	.59	1
은혜 보답	4.39	4	.76	2
애정	4.37	4	.86	3
책임	4.34	4	.62	4
가족 화합	3.84	3	1.11	5
이웃 어른 돌봄	3.54	3	1.54	6

N=987
* 효행의 중요성은 5단위 측도(1=전혀 중요치 않음. ……5=매우 중요함)에 기초함
+ 등위는 평균치의 크기에 기초함

위와 같은 효행은 자녀 자신의 개인적 이익을 초월하여 그들의 정서적 및 물질적 에너지의 일부를 부모에게 받친 이타적인 덕행이다. 그러나 자녀가 행한 돌봄은 부모가 그들에게 그 많고, 깊고, 끝없고, 대가를 바람이 없이 제공한 돌봄에 비하면 적은 것이다.

자녀가 부모에게 진 가장 큰 빚은 바로 이 세상에서 가장 귀중한 몸(신체)을 받고, 양육을 받은 것이다. 부모는 자녀가 태어나는 순간부터 돌보기 시작하여 그들이 스스로 돌볼 수 있을 때까지 돌보아 나간다. 자녀가 자신들을 돌볼 능력을 갖춘 뒤에도 부모는 계속 돌보아 주다가 세상을 떠난다. 그래서 부모의 자녀에 대한 돌봄은 끝이 없다. 이러한 부모의 은혜를 갚으려고 노력하는 것을 효라고 한다.

위와 같이 생애주기를 두고 부모와 자녀 간에는 사랑과 존중, 그리고 측은지심으로 돌봄이 진행된다. 효는 이 과정에서 돌봄을 받은 자녀가 돌봄을 베푼 부모에게 드리는 호혜적인 것이다.

부모에게 제공한 돌봄 서비스

효는 부모를 돌보아 드리는 구체적 행동으로 이루어진다. 부모에게 효를 해야 한다고 말로만 해서는 부족하다. 효심을 실천으로 옮겨야 한다. 퇴계가 강조한 앎(知)을 행동으로 옮김(行) ― 지행일치(知行一致) ― 가 여기에 해당되는 것이다.

효행을 한 성인 자녀를 대상으로 그들이 부모에게 제공한 돌봄의 종류를 질문한 결과 <표 2>와 같은 다양한 유형들이 드러났다(성규탁, 2010, 2016).

<표 2> 부모에게 제공한 돌봄의 유형

돌봄의 유형	지적빈도(%)[1]	등 위[2]	구 분[3]
와병 중의 부모를 간병해 드림	65.6	1	P
대소변실금 부모를 도와 드림	49.5	2	P
식사 시중을 함	45.7	3	P
약을 마련해 드림	44.7	4	P
대가족을 부양함	44.7	4	F
마음을 편히 해드림	37.7	6	p
부모 의견을 존중해 드림	23.1	7	P
세탁을 해드림	23.0	8	P
목욕시중을 해드림	22.0	9	P
양로원을 방문함	13.9	10	C
침실 정리를 해드림	12.5	11	P
이웃 노인을 돌봄	10.6	12	C
말 상대가 되어 드림	10.3	13	P
형제자매를 교육시킴	10.3	13	F
이웃을 위해 봉사함	8.8	15	C
자녀 교육을 도움	8.4	16	F
외출 시 동반해 드림	6.2	17	P
성묘를 함	5.7	18	F
가족의 장래를 위해 저축함	4.6	19	F
보행이 어려운 부모를 업고 다님	4.1	20	P
부모의 소원을 성취시킴	4.1	20	P
학교에 보내 드림	3.7	22	P
안마를 해드림	3.7	22	P
잡비를 제공해 드림	3.7	22	P
친척을 대접함	3.6	25	F
부모에게 헌혈해 드림	3.3	26	P
이웃 학생에게 장학금을 제공함	3.3	26	C
노인학교를 후원함	1.7	28	C
책, 신문을 읽어 드림	1.3	29	P

(N=987)
1) 어떤 자녀는 한 가지 이상 유형의 돌봄을 제공하였음
   전체 사례 수의 1%에 미달인 항목들은 제외했음
2) 백분율의 크기에 따라 등위를 정했음
3) P=개인적 보살핌, F=가족을 위한 서비스, C=지역사회를 위한 서비스

위의 29가지의 돌봄을 다음 3 범주로 나누어 볼 수 있다.

(a) 부모를 위한 돌봄

(b) 가족을 위한 돌봄

(c) 이웃을 위한 돌봄

위의 세 가지 돌봄을 각각 다음과 같이 정서적 돌봄과 수단적 돌봄으로 다시 분류할 수 있다.

(a) 부모를 위한 돌봄 서비스

정서적 돌봄

* 마음을 편히 해드림

* 부모의 의견을 존중함

* 부모의 소원을 성취함

* 말 상대가 되어 드림

수단적 돌봄

* 병간호를 해드림

* 통변을 도와 드림

* 식사 시중을 해드림

* 약을 공급해 드림

* 안마를 해드림

* 위독한 부모에게 헌혈해 드림

* 세탁을 해드림

* 목욕을 시켜 드림

* 방을 정리해 드림
* 책, 신문을 읽어 드림
* 잡비를 드림
* 외출 시 동반해 드림
* 업어서 이동시켜 드림
* 노인학교에 보내 드림

(b) 가족을 위한 돌봄 서비스
* 대가족 부양
* 남편 간호
* 자녀 교육
* 형제자매 교육
* 가족의 장래를 위한 저축
* 조상의 묘 성묘
* 친척 대접

(c) 이웃을 위한 서비스
* 이웃 노인 돌봄
* 양로원/노인정 방문
* 노인학교 후원
* 이웃 학생 지원
* 이웃을 위한 봉사

위와 같이 정서적 돌봄과 함께 수단적 돌봄(물질적 돌봄)을 해드렸다. 그리고 노부모를 위한 돌봄만이 아니라 배우자, 자녀, 형제자매, 친척 및 이웃을 위한 것까지 포함되어 있다. 가족의 테두리 안에서 행하는 돌봄이 이웃을 위한 돌봄으로 확장된 것이다. 즉, 퇴계가 중요시한 효(孝, 부모님 돌봄), 제(悌, 형제자매간 우애) 및 공(公, 이웃과 사회를 위한 돌봄)이 연계되어 실행된 것이다.

효는 부모와 자녀 간의 호혜적 관계 속에서 이루어졌다. 부모는 자녀를 양육하는 데 헌신하였고, 자녀는 고령의 부모를 돌보았다. 노부모와 자녀 간에 생애주기를 두고 돌봄을 주고받는 호혜적 관계가 이루어진 것이다.

효행자와 노부모 사이의 돌봄의 흐름은 위와 같이 일방적이 아닌 양방향적(兩方向的)이다. 생(生)이 진행되는 과정에서 필요에 따라 도움이 성인 자녀로부터 부모에게로 갔고, 부모로부터 자녀에게로도 간 것이다.

노부모도 자녀를 돌보았다. 노부모가 자녀에게 베푼 도움은 아이 돌보기, 집안일 돕기, 정보 제공, 충고와 상담, 격려와 위로, 사기를 돋우어 줌, 발전을 위해 외부 자원과 연계해 줌, 재정적 지원 등이다. 노부모는 이런 도움을 주기 오래전부터 자녀 양육을 위해 온갖 유형의 돌봄을 해온 것이다.

이들은 오랜 기간 노부모를 돌보았다. 특히 여성, 저소득자, 저교육자 및 대가족에 속하는 효행자들은 많은 어려움을 겪으면서 효를 실행하였다.

효행자들과의 면접을 통해 이들이 노부모를 돌보는 과정에서 겪은 어려움을 더 자세히 알 수 있었다. "효행을 하는 과정에서 가장 어려웠든 일이 무엇입니까?"라는 질문에 이들의 다수는 다음과 같이 말했다. 근심, 부담감, 좌절, 피곤, 구속감, 부모의 무능 상태를 다루는 어려움, 부모를 돌보기 위해 다른 식구들에 대한 의무를 소홀히 한 점 등의 문제를 견뎌내는 일이었다. 신체장애가 있는 노부모를 돌본 자녀들은 더욱더 많은 어려움을 극복했다. 예를 들어 심한 체력 소모, 긴 시간 투입, 끊임없는 부양으로 인한 정서적 소진, 자신의 부양 역할 수행을 제대로 못 한 데 대한 죄책감 등을 극복하는 어려움이었다. 며느리의 경우 혈연관계가 없이 결혼으로 인해 갖는 의무로서 힘든 시부모 돌봄을 하는 데서 겪는 긴장과 스트레스는 가히 짐작할 수 있다.

이상 성인 자녀가 노부모에게 제공한 돌봄을 살펴보았다.
가족적 돌봄의 대표적인 사례이다.

[보기 2] 청년(대학생)의 부모에 대한 존경

존경(존중)은 퇴계를 포함한 거유(巨儒)들이 공통으로 밝힌 바와 같이 부모 자녀 관계를 비롯하여 모든 인간관계에서 지켜져야 할 매우 중요한 가치이다.

더욱이 존중은 돌봄을 내포하고 있다. 제1부에서 지적한 바와 같이 돌봄은 존중의 일부이고, 존중은 곧 돌봄을 뜻한다. 따라서 부모 존중은 가족적 돌봄의 주요한 부분을 차지한다고 볼 수 있다. 이러한 존중을 표현하는 돌봄을 바람직하게 실행하는 데는 정서적인 정과 애정이 깃들어야 함이 강조되고 있다.

전술한 바와 같이 효행을 하는 이유 가운데서 가장 중요시된 것이

'부모 존경'이다.

부모 존경에 대해서 저자가 행한 조사에서 수집한 경험적 자료를 바탕으로 해설하고자 한다.

서울 시내 3개 대학에서 무작위로 선발된 458명의 대학생과 대학원생(청년세대)이 부모를 존경하는 방식을 공동 조사자 3명과 대학생 6명이 설문을 통해 수집하였다. 그 자료를 해석, 분석, 판별한 결과 아래와 같은 13가지의 부모 존경 방식이 식별되었다(성규탁, 2005, 2016).

<표 3> 부모 존경 방식: 지적빈도

존경 방식	지적빈도[1]	
	등위	%
돌봄	1	62
순종	2	51
의논	3	41
먼저 대접	4	36
인사	5	33
존댓말	6	31
음식 대접	7	23
선물	8	21
외모 갖춤	9	20
조상숭배	10	19
이웃 노인 존중	11	18
생일 축하	12	16
윗자리 제공	13	14

N = 458
1) 응답자 총수의 10% 이상이 지적한 항목

13개 방식 중 '돌봄으로 하는 존경'이 가장 빈번히 지적되었다(응답자들의 62%가 지적). 2번째로 자주 지적된 방식은 '순종으로 하는 존경'(51%), 3번째는 '의논을 해서 하는 존경'(41%), 4번째 '먼저 대접해서 하는 존경'(36%), 5번째 '인사를 해서 하는 존경'(33%), 6번째 '존댓말로 하는 존경'(31%), 7번째 '음식을 대접해서 하는 존경'(23%), 8번째 '선물을 해서 하는 존경'(21%), 9번째 '외모를 단정히 해서 하는 존경'(20%), 10번째 '조상에 대한 존경'(19%), 11번째 '이웃 노인에 대한 존경'(18%), 12번째 '생일을 축하해서 하는 존경'(16%), 13번째 '윗자리를 제공해서 하는 존경'(14%)이다.

위의 13가지 방식들이 한국의 문화적 맥락에서 실행되는 데 대해 간략히 해설하고자 한다.

모든 존경 방식은 노부모와 청년 자녀 사이에서 실행된 것이다.

부모 존경의 실행

① 돌봄으로 하는 존경

[정서적 및 수단적으로 돌보는 방식]

이 방식이 가장 자주 사용된 존경 방식이다. 마음속에서 우러나는 정으로 부모를 돌보아 드리고, 염려하고, 기쁘게 하고, 마음을 편하게 해드리고, 시간을 함께하고, 개인적 케어를 해드리고, 음식을 장만해 드리고, 집안일을 돌보아 드리고, 교통편을 제공하고, 이분들의 어려움과 병약함을 딱하게 여기면서 존중, 애정 및 측은지심으로 섬기는 방식이다. 이와 같이 정서적 돌봄과 수단적 돌봄을 해드리는 것이다.

② 순종을 해서 하는 존경

[부모의 지시를 따르고 부모 말씀을 귀담아듣는 방식]

부모의 말씀을 따르고, 귀담아들음으로써 존경하는 방식이다. 부모가 쌓아 온 경험과 지혜를 존중하여 가정의 일, 지켜야 할 관습 등에 관한 이분들의 의견과 충고를 따르고 귀담아듣는 것이다.

③ 의논을 해서 하는 존경

[부모님과 의논하고 이분들의 충고를 받는 방식]

나의 가정 또는 직장의 일, 지켜야 할 관습과 의식 등에 관해서 의논하고 충고를 받음으로써 경의를 표하는 방식이다

④ 먼저 대접해서 하는 존경

[부모님에게 도움과 서비스를 먼저 제공하는 방식]

부모님에게 먼저 서비스와 편의를 제공해서 섬기는 방식이다. 차나 음식을 먼저 대접하고, 승강기 또는 방에 먼저 들어가고 나오도록 하고, 자리에 먼저 앉도록 하는 것이다.

⑤ 인사를 해서 하는 존경

[만날 때 인사하는 방식]

자녀는 부모님을 만날 때와 헤어질 때 정중하게 섬김의 뜻을 나타내며 인사를 한다. 아침, 점심, 저녁 시간이 지나면 "평안하십니까." 또는 "진지 잡수셨습니까." 하고 인사한다.

⑥ 존댓말을 해서 하는 존경

[대화하거나 서신을 할 때 존댓말을 사용하는 방식]

우리 문화에서는 존경하는 표현이 매우 다양하고 복잡하다. 존댓말에는 상대편을 '높이는 말'과 나를 '낮추는 말'이 있다. 존경은 낱말, 구절, 전치사와 후치사, 어미(낱말 끝)와 어두(낱말 첫머리)에서 나타난다. 만날 때 경의를 표하기 위해 그분의 이름 다음에 호칭(부인, 선생님, 여사님, 박사님, 반장님, 회장님, 과장님, 선배님, 기사님 등)을 붙여 부른다.

⑦ 음식 대접으로 하는 존경

[부모님이 즐겨 하시는 식사와 음료를 대접하는 방식]

부모님에게 음식을 대접하는 것은 오랜 세월 내려온 우리의 관습이다. 부모님의 식성과 기호에 따라 음식을 정성껏 장만해서 존경하는 마음으로 대접한다.

⑧ 선물로 하는 존경

[생활용품을 드리는 방식]

선물은 애정의 표시이며 지원하고 존중하는 뜻이 담겨 있다. 부모는 쓸모 있는 물건을 선물로 받는 것을 고맙게 여긴다. 애정이 담긴 카드, 꽃, 전에 찍은 사진, 건강에 관한 책 등을 선물로 할 수 있다.

⑨ 외모를 갖추어서 하는 존경

[의복을 단정하게 입고 화장을 평범하게 하여 공손한 외모를 갖추는 방식]

의복을 단정하게 입고, 외모를 갖추어 자세와 태도를 바르게 한다. 머리 모양, 장신구, 신발도 잘 다듬어졌고, 일반적 관행에 맞는 것이라야 한다. 이상한 얼굴 표정을 하지 않으며, 슬픔도 몸을 가누어 표현한다. 옷차림과 용모는 다른 사람에 대한 존경을 나타내는 비언어적 커뮤니케이션이다.

⑩ 이웃 고령자에 대한 존경
[이웃의 고령자를 존중하는 방식]

우리의 문화적 전통인 넓은 사랑(인)으로 이웃의 고령자를 섬기는 것은 오늘날 그 필요성이 더욱 커지고 있다. 이웃을 지원해 줌으로써 가까운 장래에 나도 이웃으로부터 지원을 받을 수 있는 것이다. 우리의 이웃 돕기 활동은 국내에서는 물론 국외로 확장되고 있다.

⑪ 생일을 축하해서 하는 존경
[탄생일(생신)을 축하하는 방식]

부모님의 생일(생신)을 맞이하여 그분들에게 경의와 애정을 표하고, 앞으로 건강하게 사시도록 소원하는 뜻이 담긴 방식이다. 축하연을 가지고, 꽃, 선물을 드릴 수 있다. 멀리 떨어져 있을 경우는 전화, 화상통신, 선물로 축하의 뜻을 전한다. 60회(회갑) 생신은 전통적으로 중요하게 다루었으나 이제는 70회(고희), 80회(팔순), 90회(졸수) 생신도 축하한다.

⑫ 윗자리를 제공해서 하는 존경
[존경의 뜻을 나타내는 자리 또는 장소나 역할을 드리는 방식]

부모님에게 윗자리 또는 가운데 자리를 제공하여 존경의 뜻을 나타낸다. 또 따뜻한 방, 난로 옆자리, 시원한 곳을 마련해 드리기도 한다. 의식(儀式)과 형식을 중요시하며, 나를 낮추고 윗사람을 높이는 우리의 문화적 관습이다.

⑬ 조상에 대한 존경

[제삿날과 경축일에 일정한 윗대의 조상이 작고한 날을 기념하기 위해 제사를 올리는 방식]

제사는 후손이 조상의 은혜에 보답하고 가족의 영속을 염원하여 올리는 예식이다. 온 가족이 모여 조상의 위폐와 사진을 모시고 조심스럽게 마련한 음식을 차려 놓고 절을 한다. 이런 예식이 끝나면 어른들은 자녀에게 조상에 관한 이야기를 들려준다. 가족의 사당을 꾸미고 조상의 산소를 가꾸는 것도 조상에 대한 경의를 표하는 방식이다. 제사는 기제, 차례, 시제가 있다. 동아시아 문화권에서는 조상에 대한 예는 후손이 수행해야 하는 의무로 여겨져 왔다.

위의 다양한 존경 방식은 우리의 전통적인 노부모·고령자를 존중하는 가치를 애정과 측은지심으로 표현한 것이라고 볼 수 있다. 가족 중심으로 노부모를 돌보는 가족적 돌봄의 한 가지 주요한 방식이 되겠다.

하지만 새 시대의 변천에 따라 이 방식들은 수정되고 있다. 존경 방식이 수정된다고 해도 존경의 원리가 달라진 것은 아니다.

아래는 존경 방식이 젊은 사람들 사이에서 수정되고 있는 방향을 보여준다.

각 존경 방식이 대조적인 두 가지 방향으로 실행됨을 보이는데, 두 방향을 연결하는 평행선에서 개인과 가족이 처한 사정에 따라 수정 정도가 정해지는 것으로 볼 수 있다.

존경 방식의 수정 방향

* 복잡하게 하는 방식 ↔ 단순하게 하는 방식
* 길게 하는 방식 ↔ 짧게 하는 방식
* 하기 어려운 방식 ↔ 하기 쉬운 방식
* 여러 번 하는 방식 ↔ 한두 번에 하는 방식
* 비용이 많이 드는 방식 ↔ 비용이 적게 드는 방식
* 자기를 많이 낮추는 방식 ↔ 자기를 덜 낮추는 방식

새 시대의 젊은 사람들(청년)은 서로 도움을 주고받는 평등주의적 입장에서 고령자를 대하는 경향을 보인다. 이러한 동향은 세대 관계가 권위주의적이고 가부장적인 형태로부터 호혜적이며 평등주의적 방향으로 변하고 있음을 시사한다.

사실 전통적인 가르침에도 앞서 논한 바와 같이 효는 부모와 자녀가 서로 돌보고 섬기는 효자(孝慈)를 실행하는 것으로 되어있다. 즉, 부모는 자녀를 인자하게 애정으로 양육하며 자녀는 부모를 섬기며 돌보는 것이다. 맹자는 윗사람을 섬기는 것이나 아랫사람을 섬기는 것은 그 중요함이 다 같다고 했다.

[보기 3] 아동(초등학생)의 부모에 대한 감사

부모의 베풂에 대한 보답

아동(초등학교 재학생)이 부모가 베푸는 돌봄에 보답하는 첫 번째 행동은 "아버님·어머님 고맙습니다."라는 표현이 되겠다(김경희, 2003: 44-75; 성규탁, 2013). 태어난 후 맨 먼저 하는 효행이라고 볼 수 있다.

사람은 태어나서부터 고마움을 저절로 알게 되는 것은 아니다. 어른으로부터 배워서 알게 된다(Ryan, 1999). 걸음마를 하는 유아는 완전히 자기중심적이다. 그렇지만 15~18개월이 지나면 점차 어머니와 아버지가 그를 도와주는 것을 알기 시작한다(Lewis, 2005). 두세 살이 되면 부모에게 고맙다는 표현을 할 수 있게 되고, 4세가 되면 친절, 사랑, 돌봄 같은 정서적인 것에 대한 고마움을 이해하게 된다(Ryan, 1999).

고맙다고 하는 아이는 한 사람 중심의 세상으로부터 벗어나 그의 부모를 비롯한 주위 사람들이 그에게 제공하는 도움을 깨닫게 된다. 아이는 집안에서 자라면서 부모로부터 칭찬, 훈계 및 벌을 받아 가며 받은 은혜에 고맙다고 하도록 사회화된다(Hashimoto, 2004; 김경희, 2003). 초등학교에 들어가면 철이 들기 시작하여 은혜를 베푼 사람에게 감사하려는 마음을 품게 되고(김경희, 2003; Lewis, 2005; Rice, 1984), 고맙다는 뜻을 표현하도록 교육을 받게 된다(한국청소년개발원, 2011; 이희경, 2010; 김인자 외 2008).

감사하는 사람은 은혜를 베푼 사람과 자신이 가진 것을 나누어 가지며, 그에게 의무적으로 도움을 주려는 친사회적(親社會的) 행동을 하게 된다(김인자 외 2008: 646; Emmons & McCullough, 2008).

이렇게 자라난 아이는 부모 은혜에 감사하게 되는데, 이 감사는 강요를 당해서 하는 것이 아니라 그의 마음속에서 우러나는 의무감에 기인하는 자율적인 것이다(Ryan, 1999; Hashimoto, 2004).

우리 문화에서는 은혜를 갚는 것을 매우 중요시한다. 하지만 부모 은혜를 갚기란 쉬운 일이 아니다. 『명심보감』의 「효자편」에는 부모 은혜를 갚는 의무를 수행하기가 그렇게도 어려움을 시사하는 다음과 같은 구절이 있다.

아버지 어머니 나를 낳으시고 애쓰시고 수고하셨도다. 그 은덕을 갚고자 하는데 그 은혜가 하늘같이 다함이 없어 갚을 바를 알지 못하도다.

부모 은혜는 매우 크고 깊으며, 이를 갚기 위해서는 매우 많은 노력이 필요함을 시사하는 가사이다. 이런 노력의 첫 단계 실행이 곧 감사하는 것이다. 교육적으로 볼 때, 다른 사람에게 고맙다고 하도록 가르치는 것은 매우 바람직한 효과를 가져온다. 즉, 감사하도록 지도를 받은 아동은 다른 사람의 감정-느낌에 예민하게 되고, 아울러 감정 이입과 기타 정서적 기법을 발전하게 된다. 그뿐만 아니라 높은 만족감과 낮은 스트레스를 가지는 경향이 있다(Emmons & McCullough, 2008; Ryan, 1999). 친사회적 성향에 보태어 이러한 긍정적인 파급효과가 있는 것이다. 대체로 감사하는 마음을 심어 줌으로써 아동이 장래 이득을 보게 된다는 것이 전문가들의 견해이다(Rice, 1984; Lewis, 2005).

감사의 표현

부모는 자녀를 이 세상에 태어나게 하였고, 사랑으로 길러 주고, 교육해 주고, 사회에 진출하도록 도와주고, 끝없이 걱정하며 돌보아 나간다. 이분들의 넓고, 깊고, 조건 없이 베풀어 주는 은혜는 참으로 귀하고 어질다.

다음 노래 가사는 바로 이러한 특수한 은혜를 읊고 있다.

> 낳으실 제 괴로움 다 잊으시고
> 기르실 제 밤낮으로 애쓰시는 마음
> 진자리 마른자리 갈아 뉘시고
> 손발이 다 닳도록 고생하시네
> 하늘 아래 그 무엇이 높다 하리요
> 어머님의 희생은 가이없어라

이러한 고귀한 돌봄을 베푼 부모에게 고맙다는 마음을 가슴속 깊이 품고 "부모님 고맙습니다."라는 표현을 할 수 있다.

아동은 다음과 같은 '고맙습니다'의 표현을 실행할 수 있으며 또 다수의 아동은 때와 장소에 따라 이 표현을 하고 있다(다음 대부분은 조부모에게도 드릴 수 있다.) 아동에 따라 이런 표현을 못 하거나 아니하더라도 그러한 고마움을 마음속에 품을 수 있다.

아래는 무작위로 선정된 3개 초등학교의 3~4학년생 75명으로부터 부모에게 감사하는 다양한 표현을 저자와 9명의 공동 조사자(초등학교 교원 3명, 학부모 6명)가 학생들과의 면접, 대화, 질문 및 관찰을 통해 식별하여 편집, 정리한 것이다(성규탁, 2013).

부모님

* 저의 몸을 낳아 주셔서 고맙습니다
* 저를 사랑으로 길러 주셔서 고맙습니다
* 저에게 먹을 것과 마실 것을 주셔서 고맙습니다
* 저에게 입을 것을 주셔서 고맙습니다
* 제가 살 집과 이부자리를 마련해 주셔서 고맙습니다
* 제가 아플 때 돌보아 주셔서 고맙습니다
* 저의 몸을 건강토록 잘 돌보라고 타일러주셔서 고맙습니다
* 저의 건강을 위해 음식을 골고루 먹도록 가르쳐 주셔서 고맙습니다
* 제가 위험한 곳에 가지 않도록 일러 주셔서 고맙습니다
* 제가 위험한 장난을 하지 않도록 주의를 주셔서 고맙습니다
* 교통 규칙을 잘 지켜 안전하게 학교에 가지고 오도록 지시해 주셔서 고맙습니다
* 학교에 가고 오는 길에서 문제가 생기면 즉시 부모님에게 연락하라고 일러 주셔서 고맙습니다
* 학교에 갈 때 외모를 단정하게 해서 가도록 도와주셔서 고맙습니다
* 제가 공부하도록 뒷바라지를 해 주셔서 고맙습니다
* 선생님의 말씀을 따르도록 일러 주셔서 고맙습니다
* 선생님에게 공손하게 인사하고 바르게 말하도록 주의 주셔서 고맙습니다
* 학교 규칙을 잘 지키도록 타일러 주셔서 고맙습니다
* 학교에서 좋은 친구들과 어울리도록 충고해 주셔서 고맙습니다

* 다른 학생을 따돌리지 말라고 주의를 주셔서 고맙습니다
* 다른 사람을 절대 때리지 말라고 타일러 주셔서 고맙습니다
* 다른 사람과 싸우지 말라고 주의를 주셔서 고맙습니다
* 모든 사람에게 예의 바르게 행동하도록 가르쳐 주셔서 고맙습니다
* 이웃 어르신을 존경하도록 가르쳐 주셔서 고맙습니다
* 나의 생활 환경을 정돈하고 깨끗이 하라고 주의 주셔서 고맙습니다
* 어려움을 참고 헤쳐 나갈 수 있어야 한다고 가르쳐 주셔서 고맙습니다
* 돈을 아껴 쓰라고 타일러 주셔서 고맙습니다
* 저를 위해 끊임 없이 사랑으로 걱정해 주셔서 고맙습니다

위와 같이 부모에게 감사하는 이유를 다음과 같이 간추려 볼 수 있다.
* 나를 낳아 주심
* 나를 사랑해 주심
* 나에게 의식주를 마련해 주심
* 나를 길러 주심
* 나를 위해 공부를 시켜 주심
* 나의 학교생활을 지도해 주심
* 내가 건강하도록 이끌어 주심
* 내가 아플 때 돌보아 주심
* 내가 안전하도록 걱정해 주심

* 나에게 예절을 가르쳐 주심
* 친구들과 잘 어울리도록 일러 주심
* 남을 폭행하지 않도록 주의를 주심
* 남을 따돌리지 말도록 주의를 주심
* 나의 생활 환경을 깨끗이 하도록 일러 주심
* 나를 위해 끊임없이 걱정해 주심

위와 같은 부모에 대한 감사의 표현은 어린 세대가 할 수 있는 효행의 시발이라고 할 수 있다. 이런 표현에는 어린 사람들의 부모에 대한 사랑과 존중의 정이 담겨 있음을 감지할 수 있다.

[보기 4] 노부모를 위한 가사 정리

성인 자녀는 노부모의 건강 상태가 위급하기 전에 이분들을 위한 가사 정리를 해드려야 한다. 이 과업은 수단적인 가족적 돌봄으로서 노부모와 가족에게 매우 긴요하다.

다음의 어느 한 가지라도 우발적으로 발생한다면 노부모를 즉시 방문해야 한다.

* 노부모의 상태가 의학적으로 위급해서 의사가 자녀의 출두/
  입회를 요청할 때
* 가족원이나 친구가 노부모의 건강 상태가 급속히 나빠졌다고
  알려 올 때
* 노부모를 돌보는 사람으로부터 노부모가 건강을 유지하는 데

필요한 요건을 갖추지 못하고 있다는 연락이 있을 때
* 노부모가 약물 과용, 자동차 사고 또는 낙상(넘어짐)으로 중
  상을 입었을 때
* 화재나 자연적 재해를 당했을 때
* 아무도 노부모와 접촉할 수 없을 때

이러한 위급하며 우발적인 상황에 부딪히면 적어도 다음 두 가지
를 해야 한다.
첫째, 노부모를 즉시 방문함.
둘째, 위급한 상태를 발생시킨 문제를 해결함.

그다음에는 아래 사항들을 다룬다.

* 노부모님이 필요로 하는 치료 및 보살핌의 유형과 이를 제공
  해 줄 수 있는 사람들과 사회복지 시설을 선정함
노부모님의 상태가 그만하여 대화할 수 있으면 다음 일들을 서둘
러 해나간다.

① 인적 및 재정 사항 정리
먼저 노부모님 자신에 관한 다음 문서/기록 파일을 정리해 드린
다: 성명, 생년월일, 출생지, 주민등록번호, 법적 거주지 주소, 배우
자와 자녀의 성명 및 주소(사망자가 있으면 사망 증명 발행구청/면
사무소 소재지), 유언, 신탁, 출생 증명, 혼인 증명, 이혼 증명 등을
발행하는 구청/면사무소 소재지, 근무처, 고용 단체, 고용주, 근무 기

한, 소속 교회, 절, 기타 종교단체; 신부, 목사, 스님의 성명, 제휴하는 단체명과 회원 자격, 받은 포상 및 표창, 가까운 친구, 친척, 의사, 변호사, 재정 상담자의 성명, 전화번호, 주소 및 이메일 주소, 사망 시 선택하는 매장 방법 및 매장 준비상황

재정 사항 파일은 아래 자료를 갖추어 작성하도록 한다: 소득 원천 및 소유 자산(연금, 이자 수입), 사회보장 수당 및 의료보험, 투자(주권, 증권, 건물 등 자산)에서 얻는 소득, 소유하는 증권 증명, 보험(생명, 의료, 자산에 대한), 은행 계좌(입출금식, 저축, 신탁), 귀중품 보관소의 주소, 최근의 납세 증명 서류의 보관 장소, 부채 상황(채권자 및 부채액), 저당물 및 담보액(지불 방법 및 지불 일자), 신용카드(번호) 및 지불 은행(명), 재산세 납부 증서, 소유하는 보석 및 가정 보물의 명칭 및 소재지

② 유언 작성

유언은 노부모님 본인이 생전에 작성해 두는 개인적 문서이다. 이를 미리 작성하지 못한 경우에는 작성하도록 도와 드려야 한다.

부모님과 유언에 관한 상의를 한다는 것은 어려운 일이다. 그렇지만 부모님도 자기들이 세상을 떠나면 소유하고 있는 재산, 현금 및 특별한 소유물을 그분들의 소원대로 자녀와 특정한 사람이나 단체에 분배되기를 원한다.

유언은 법적 절차를 밟는 것이 현명하다.

첫째로 신임할 수 있는 변호사를 개입시키는 것이다. 그런데 변호사를 만나기 전에 다음과 같은 작업을 해두도록 한다.

* 유언할 사항들을 기록해 둔다.
* 소유 재산의 명세서를 작성한다. 즉 소유하는 물건, 주권, 증권, 현금, 부동산 등을 기록한다.
* 유언 집행자를 선정하는 것이 좋다. 가족에 따라서는 유언 집행자가 할 일이 매우 복잡하고 힘이 든다. 적당한 유언 집행자를 찾지 못하면 변호사가 집행하도록 할 수 있다.
* 흔히 증인들을 둔다. 증인은 유산을 받지 않는 사람이라야 한다. 증인에 관해서는 변호사나 유언 집행자와 상의하는 것이 좋다.
* 부모님 자신이 직접 친필로 유언을 작성하여 주소를 적고 서명한 후 인감을 날인한다.
* 유언을 작성하면 변호사가 유언의 복사판을 한 통 가지고 부모님도 이를 한 통 가지면 된다. 가족원들의 대표가 유언장이 보관된 곳을 알고 있도록 한다.
* 부모님이 수시로 유언 내용을 검토하도록 권유한다. 부모님의 생활에도 변동이 있을 수 있고 그분들의 재산을 남겨 줄 의사도 때가 지나면 달라질 수 있다. 손자녀가 출생하고 부모님이 소유하는 재산이 증식하고 지금까지 나타나지 않았던 재산이 드러날 경우도 있을 것이다. 그리고 부모님이 새로운 결단을 내려 재산 일부를 사회복지와 장학을 위해 기부할 수도 있다.

부모님의 유언은 거의 자기들이 일평생 사랑하고 보살핀 자녀 및 공동사회를 위해서 무엇인가를 남겨 주려는 정성에서 이루어진 약속이기 때문에, 그런 방향이 되도록 자녀는 존경심과 애정으로 그분들을 도와 드려야 한다.

이러한 절차를 밟아 둠으로써 부모님이 세상을 떠난 후 법정에서 취해야 할 복잡한 상속 수속을 피할 수 있다.

노령의 부모에 관한 사항에 대해서는 가족 전원이 참여해서 의논하는 것이 좋다. 가족의 크기가 작아져 노부모의 단 하나인 아들이나 딸이 위와 같은 여러 가지 일을 수행해야 하는 경우가 있다. 이런 상황에 대비해서 미리부터 지원망을 구성해 놓아야 한다.

이상 자녀가 부모에게 드리는 돌봄 — 가족적 돌봄 — 에 대해서 네 가지의 보기를 들어 해설하였다. 이 보기들은 노부모 돌봄에 관한 단편적이고 제한된 설명이기는 하지만, 저자가 행한 사회조사를 통해서 수집한 경험적 자료를 바탕으로 약술한 것이다. 이 보기들 외에도 다양한 유형의 돌봄을 부모에게 제공할 수 있을 것이다.

6. 가족적 돌봄의 유용성

위에 제시한 다양한 유형의 부모 돌봄 방식을 실행하는 가족적 돌봄 집단의 유용성을 다음과 같이 요약할 수 있다.

인간 중시적 가치를 발현하며 일상생활에서 노부모에게 다양한 정서적 및 수단적 돌봄 서비스를 자율적으로 존중·애정·측은지심을 발현하면서 개별적으로 제공한다.

이러한 돌봄을 실행하는 가족적 돌봄 집단의 중요함, 아니 필요 불가결함은 우리 생활의 모든 분야에서 역력하게 드러난다. 이 집단의 유용성을 다음과 같이 더 간추려 볼 수 있다.

* 인간 중시적 돌봄 (존중, 애정, 측은지심으로 돌봄)
* 자율적 돌봄 (자진해서 자주적으로 돌봄)
* 개별적 돌봄 (면 대 면으로 돌봄)
* 우발적 문제에 대한 돌봄 (일상생활에서 예측할 수 없이 발생하는 잡다한 문제들을 풀어나감)

가족적 돌봄 집단은 위와 같은 '인간 중시적 돌봄'을 하는 데 사회적 돌봄 집단보다 앞선다. 우리 문화에서는 이 집단이 제공하는 정으로 찬 노부모 돌봄이 다른 문화에 비하여 더 드러난다. 특히 부모 자녀 간의 책임성 있게 서로 돌보는 효(孝)와 자(慈)의 원리에 따른 호혜적 관계가 유별나다.

이러한 노부모·고령자 돌봄은 우리의 정문화(情文化) 속에서 자녀가 실행하는 도덕적이고 윤리적인 행동이다. 하지만 이 집단은 제한점을 가지고 있다. 무엇보다도 노부모·고령자가 필요로 하는 기술 중심적인 돌봄(사회심리적 및 보건의료적 돌봄)을 위한 전문적 기술, 시설 및 인력을 갖추어 다수의 고령자를 동시에 돌보지 못하며 돌봄 서비스의 효율성(경제성)을 높이는 데 어려움이 있다.

이러한 제한점에도 불구하고 이 집단은 노부모·고령자를 비롯하여 어린이, 장애인 등 사회적 약자를 인간 중시적으로 돌보는 가장 중요한 역할을 한다.

고령자를 돌보는 모든 돌봄 조직은 가족적 집단의 참여 없이는 운용이 불가능하다. 이들은 국가가 제공하는 돌봄보다도 훨씬 많은 돌봄을 노부모·고령자에게 제공한다. 따라서 가족적 돌봄은 나라의 복지 제도를 운용하는 데 필요 불가결한 존재이다.

7. 가족적 돌봄 증진 방안

가족은 의존적인 노부모에게 기초적인 정서적 및 수단적 돌봄을 제공하는 데 주도적 역할을 한다. 국가가 가족의 이러한 역할의 일부만을 더 대행한다 해도 국가 재정은 막대한 충격을 받게 될 것이다.

하지만 인구학적 변동 — 아동 수의 감소, 남녀의 생존 연한 차이, 이혼율 증대, 거주지 이전 등 — 때문에 가족적 돌봄을 주고받는 가족원의 수는 점차 감소하는 조짐을 보인다. 상당수의 가족은 대체로 과거보다는 노부모를 돌볼 힘이 약화되고 있는 형편이다. 하지만 가족 중심으로 서로 돌보는 가치와 관행은 아직도 널리 유지, 지속하고 있다.

그러나 이러한 가치와 관행의 발현과 실행을 어렵게 하는 다음과 같은 요인들이 작용하는 것이 사회적 현실이다.

예로 노부모의 신체적 및 정신적 상태가 심각하여 가족의 힘으로는 돌봄을 계속하기 어렵거나, 매우 힘이 드는 장기적 돌봄으로 가족원들의 소진이 발생하거나, 노부모 돌봄을 에워싸고 가족원 간에 갈등과 대립이 있거나, 돌봄으로 인해 가족의 기능이 훼손되는 경우 등을 들 수 있다.

가족적 돌봄을 어렵게 만드는 이러한 요인들 대부분은 가족원들의 인간관계 및 감정 문제와 연관된 것으로 보인다. 부모 돌봄을 어렵게 하는 이런 문제는 세금 감액이나 보조금 지급으로는 쉽게 해결될 수 없을 것으로 보인다.

따라서 노부모를 돌보는 가족원들의 감정적 스트레스를 감소하는 방안을 우선 강구해야 한다고 본다. 이를 위해 돌봄 제공자를 위한 사회적 돌봄을 해야 한다.

위와 같은 실상을 고려하여 가족적 돌봄을 증진하기 위한 방안으로서 적어도 다음과 같은 사회적 돌봄을 해야 한다고 본다.

* 건강이 약화되어 심층적인 돌봄이 필요한 심장마비, 신체장애 등 병력을 가진 노부모를 돌보는 가족에 대한 의료적 지원, 요양 보호 및 가사 돌봄을 제공함
* 가족에게 돌봄에 관한 교육, 훈련, 상담을 제공함
* 치매 등에 대한 장기적 돌봄이 필요한 노부모를 단기간/수일간 요양원에 입원토록 하고, 가정 방문, 요양·보호를 하고, 돌봄이를 일정 기간 쉬도록 하고, 친척, 친구, 이웃이 돌봄을 단기간 대행토록 해서 돌보는 가족이 스트레스에서 풀려나도록 함
* 가족적 돌봄에 대한 현금지원, 세금 감면, 보상 등 재정적 지원을 함

[주: 효행에 대한 재정적 보상은 상징적인 효능이 있겠으나, 사회적 포상, 칭찬, 감사, 존중도 바람직하다고 봄. 재정적 보상(대가 지

불)은 가족에 따라서 가족의 위신과 긍지를 저하하는 결과를 초래할 수 있음.]

　　노부모를 돌보는 가족원들의 돌봄 기능을 저해하는 요인을 절감하기 위해서 적어도 위와 같은 가족을 위한 정실적인 돌봄 방안을 우선 강구해서 실행해야 하겠다. 이 방안은 다음 제3부에서 논의하는 사회적 돌봄 — 가족 바깥의 돌봄 — 을 제공하는 것이다. 이러한 접근은 곧 가족적 돌봄을 증진하고 보완하는 인간 중시적인 수단이라고 본다.

제3부

::

사회적 돌봄

1. 사회적 돌봄의 등장

가족이 아닌 국가·사회가 주도하는 사회적 돌봄을 받는 고령자 수가 늘고 있다. 그런데 이분들의 공통적인 걱정은 이 사회적 돌봄을 해주는 돌봄 시설에서는 많은 고령자와 뒤섞여서 애정과 존중이 깃들은 돌봄 서비스를 받기가 어렵고, 흔히 수익(收益) 또는 실적(實積)을 높이기 위해 이용되는 사례로 취급되는 경향이 있다는 것이다.

전통적으로 노부모는 가족 안에서 존중과 애정으로 개별적인 돌봄을 받아 왔다. 가족원들은 노부모와 친밀한 감정적 유대를 가지면서 이분들의 정서적 및 수단적 욕구를 자율적으로 충족해 드린 것이다. 효의 가치와 관행이 이러한 가족의 인간 중시적인 자체 돌봄을 뒷받침하는 힘이 되어 왔다. 즉 가족 중심으로 경로와 효친이 이루어진 것이다.

하지만 급격한 시대적 변화는 이러한 전통을 가진 우리에게 매우 벅찬 도전을 가하고 있다. 가족 구조와 생활 패턴의 변화와 더불어 경제적 불균형 및 개인의 준비 부족으로 인하여 전통적인 노부모 돌봄 기능을 수행하지 못하는 가족 수가 늘고 있다(권중돈, 2019; 김영란 외, 2016; 김미혜 외, 2015).

이런 변동과 맞물려 노령 인구가 증가하고 가족원 수는 감소하며 노부모와 따로 사는 성인 자녀가 많아짐에 따라 돌보는 손길이 줄어들고 있다. 게다가 고령화가 심화됨에 따라 사회경제적 어려움과 신체적 및 정신적 문제를 가진 노부모·고령자 수가 늘고 있다. 이분들을 위한 가족 바깥 사회적 돌봄이 절실히 필요하게 되었다.

다행히 가족 스스로 노부모를 돌볼 수가 없거나 돌보기가 어려운 경우에는 국가·사회가 타율적으로 제공하는, 소위 인간적인 정실이 약한 사회적 돌봄 서비스를 받을 수 있다.

사회적 돌봄의 방향

국가는 경로 효친을 권장, 촉진하는 노인복지법에 준거하여 노인 복지 정책을 추진하면서 사회적 돌봄을 민간의 돌봄 시설에 위탁해 서 제공하고 있다. 하지만 정부의 힘만으로는 핵가족과 분산된 가족 의 노부모에게 충분한 지원을 보편적으로 제공하기가 어렵다. 무엇 보다도 재정적인 어려움이 있기 때문이다. 이 때문에 정부 주도의 사회적 돌봄과 함께 가족과 이웃이 스스로 돌보는 가족 중심의 돌봄 체계를 확장해야 할 필요성이 커지고 있다. 퇴계가 입조하여 운용한 향약(鄕約)과 같은 마을공동체를 위해 자율적인 사회적 돌봄을 하는 복지 체계가 오늘날에도 필요한 실정이다(나병균, 1985).

사실 앞서 논한 바와 같이 선진 복지국가는 국가의 사회보장제도 만으로는 국민의 늘어나는 복지 욕구를 충족하기 어려워져 "가족 하 나하나가 자체의 성원들을 최대한으로 도와 나감으로써 재정적으로 어려워진 국가를 도와야 한다"라고 호소하고 있다. 개인과 가족은 자체 돌봄 능력을 증대해서 국가의 부담을 줄여줄 책임이 있음을 지 적한 것이다.

앞으로 한국은 가족의 자체 돌봄 능력을 기르면서 국가 주도의 사 회보장 방안으로서 사회적 돌봄 서비스를 제공하는 것이 바람직하 다고 본다. 즉, 가족 자체의 돌봄과 국가 주도의 사회적 돌봄이 종합 되어 포괄적인 사회복지 돌봄 체제를 이룩하는 것이다. 새 시대에 수요가 급증하는 사회적 돌봄은 이러한 국가·사회적 욕구를 충족하는 방향으로 실행되어야 할 것이다.

2. 경로 효친의 법제화

제1부에서 논한 바와 같이 국가는 노인복지법을 제정하여 경로 효친을 실행하여 고령자가 존중받으며 건전하고 안정된 생활을 보장받게 하고, 건전한 가족제도를 유지, 발전토록 하며, 고령자의 복지 및 보건 증진을 위한 시책을 강구, 추진할 것을 법제화하였다. 아울러 노인의 날, 경로의 달, 어버이날을 설정하여 노부모·고령자에 대한 사회적 관심과 공경 의식을 높이고 영유아 때부터 효 교육을 하여 효행을 장려, 실행하도록 지령하였다. 사회적 돌봄의 타율적인 시행을 위한 법적 조치가 취해진 것이다.

국가의 노인복지 정책 및 프로그램 ― 즉 정부 주도의 사회적 돌봄 ― 은 위와 같은 법의 기본 취지에 따라 실행되어야 한다고 본다.

[주: 중국은 노인권익보장법이 제정되어 있다. 이 법 18조는 부모와 별거하는 자녀가 부모를 자주 방문하고 안부를 물어야 하며, 고용주는 피고용인이 부모를 방문하는 데 편의를 봐주어야 한다는 성인 자녀와 사회의 책임을 규정해 놓았다.]

3. 사회보장제도

사회적 돌봄의 제도적 바탕이 되는 사회보장제도는 세 가지로 나누어 볼 수 있다.

① 사회보험
② 공적부조
③ 사회수당

'사회보험'은 국민연금, 건강보험, 고용보험, 산재보험 및 노인장기요양보험이다. 이 보험에 의무적으로 가입한 정규직에 근무하는 근로자는 각자의 재정 능력에 따라 일정액을 납부하되 고용주도 일정액을 함께 부담해 주는 제도이다. 특정한 기간이 지나거나 특정한 자격을 취득하면 혜택을 받을 수 있으나 임의로 받을 수는 없다.

'공적부조'로서 중앙 및 지방 정부는 세금을 재원으로 생활 기능이 없는 고령자, 아동, 장애인의 기초생활을 보장하기 위해 생활보호, 의료보호, 재해 구호, 영유아 보호, 장애인 보호, 다문화가족 지원을 위한 급여를 확인 절차(수혜 자격 심사)를 거쳐 무상으로 사회복지 단체·시설을 통해서 제공한다.

'사회수당'은 돌봄 부담을 들어주기 위해 조세를 재원으로 일정액의 현금이나 돌봄 서비스를 노인, 아동, 장애인 등을 돌보는 저소득 가정에 지방자치단체가 확인 절차를 거쳐 제공한다.

이와 같은 사회보장제도는 발전 도상에 있어 이직은 다른 OECD 국가들보다 취약한 편이며 사회안전망을 제대로 갖추어 주지 못하고 있다.

이 책에서 논의하는 사회적 돌봄의 주 대상자는 위의 공적부조와 사회수당을 받는 생활이 어려운 노부모·고령자들, 그리고 가족의 돌봄을 받을 수 없거나 스스로 돌볼 수 없는 노부모·고령자들을 모두 포함한다.

4. 인간 중시 가치의 발현

노부모·고령자를 인간애와 인간 존중을 발현하며 돌본다는 것은 사회적 돌봄 조직의 관리자(이하 관리자)와 돌봄 서비스 제공자(이하 제공자)가 다 같이 준수해야 하는 윤리적 규범이다.

사람을 돌보는 데 사용되는 돌봄 방법은 신발이나 책상을 만드는 데 사용되는 기술과 같을 수 없다. 따라서 관리자와 제공자는 적어도 다음 두 가지 상호 연관된 과제를 신중히 다루어야만 한다.

첫째, 사람을 돌보기 때문에 돌봄 방법에 '도덕적'(道德的) 차원이 반영되어야 한다.

둘째, 제공자와 고객 간의 바람직한 '인간관계'(人間關係)가 이루어져야 한다.

돌봄 서비스를 받는 고령의 고객들은 각자 도덕적 가치와 존엄성을 간직한다. 이분들을 인격자로서 존중하며 사회적 기대와 사회복지 윤리강령에 맞는 돌봄 서비스를 제공해야 한다.

고령자들은 다양한 속성을 지니며 돌봄 서비스에 대한 반응은 각자 다를 수 있다. 게다가 돌봄(개입)과 돌봄 결과(효과) 간의 인과

(抵果) 관계를 입증하기가 쉽지 않다. 사람의 문제가 복잡하고 개입 기법의 효과성을 아직도 정확하게 측정하기가 어렵기 때문이다. 이런 문제 때문에 돌봄 서비스를 평가하는 데 있어 노고객과 제공자 간의 인간관계가 매우 중요한 요인으로 떠오른다.

이러한 요인을 인식하여 제공자는 도덕적으로 이분들의 존엄성을 받들면서 인간 중시적으로 돌봄 서비스를 제공해야 한다.

5. 사회적 돌봄의 인간화

사회적 돌봄을 제공하는 사회적 조직(시설)은 일반적으로 인간 중시적 돌봄을 하는 데 어려움이 있다는 공론이 제기되고 있다. 그래서 인간 중시적 사회조직을 조성, 운영하는 것이 사회조직 연구에서 우선적인 과제로 다루어지고 있다(Litwak, 1985; Hasenfeld, 2009; 신환철, 1995).

인간 중시적 시각을 가진 연구자들은 상하가 서로 소통하는 인간관계를 이루는 수평적인 사회조직 구조를 중요시한다(오석홍, 2016; Katz & Kahn, 1978; Likert, 1967). 이들은 이런 수평적 조직 구조는 인간 중시적으로 사회적 돌봄 조직을 운영하는 데 합당하다고 해석한다(Hasenfeld, 2009; 유종해, 이득로, 2015; 조석준, 1994).

인간 중시적 가치를 실현하는 조직을 선호하는 경향은 민주주의를 신봉하는 여러 나라에서 현저하게 나타나고 있다.

일찍이 E. Mayo(1933)는 Hawthorne 전화기 제작 공장에서 작업장의 조명(밝음과 어두움의 변화), 환기(실내 온도, 습기 등의 변화),

청결, 장애물 제거 등과 같은 물리적 조건보다도 종업원 간 그리고 감독자와 종업원 간의 인간적인 관계(서로 간의 의사소통, 서로에 대한 관심과 존중, 친목과 화합)이 업무 수행(생산성)에 더 긍정적인 영향을 미친다는 사실을 발견하였다,

이어 자유 세계의 저명한 학자들이 사회조직 내의 인간관계를 연구하여 이에 대한 경험적 자료를 대량 산출하였다. 이 자료가 조명하는 주요한 사실은 조직 내에서 사람을 존중하는 인간 중시적 가치가 발현되면 그 조직의 생산성(업무 실적)이 오른다는 것이다(Likert, 1961; Hasenfeld, 성규탁 역, 1985).

위와 같은 인간관계에 관한 조사 연구는 급기야 인간관계론(人間關係論)의 대두를 보게 되었다. 인간관계론의 초점은 조직의 관리자와 성원들이 서로 존중하며 화합하고 친목하는 인간관계를 이룩함으로써 조직의 업무 실적(생산성)을 향상시킬 수 있다는 데 있다(Hasenfeld, 성규탁 역, 1985: 32~42).

사회조직 연구를 다년간 대규모로 실행한 R. Likert(1967)(5단위 측도 창안자)는 조직 내에서 성원들이 서로 소통하며 존중하는 인간관계를 이루게 되면 이들이 작업 동기를 유발하여 업무를 성실히 수행하며 급기야 생산성이 올라감을 여러 실험 조사에서 입증하였다.

[주: Likert(1967)는 이러한 바람직한 결과를 내는 조직을 "System 4"라고 불렀는데, 이는 그가 "System 1"이라고 부른 관료제와 대조되는 조직 유형이다.]

인간관계론은 사회복지 돌봄 서비스를 제공하는 조직들에 관한

연구로 확장되어 사회적 돌봄 제공자와 이 돌봄을 받는 고객 간의 인간관계를 중시하는 이론을 정립하게 되었다. 이 이론의 핵심은 사회복지조직 운영에 참여하는 사람들 — 고객, 제공자, 관리자 — 이 도덕적인 돌봄 서비스를 지향하는 인간 중시적 가치를 발현해야 한다는 것이다.

이러한 가치는 홍익인간 사상에서 시발한 우리의 전통사상인 인간 중시적 가치와 상통한다.

하지만 사회 현실을 들여다보면 많은 사회적 돌봄 조직은 이러한 가치를 받들면서 돌봄 서비스를 제공하는 데 어려움을 겪고 있다. 다시 말하자면 이들은 돌봄 서비스를 인간 중시적으로 제공하는 데 다소간의 제한점을 안고 있다.

돌봄 서비스를 받는 노부모·고령자는 도덕성을 간직한 고귀한 사람이다. 따라서 이분들에게 인간 중시적 돌봄 서비스를 제공해야만 한다. 이런 필요성 때문에 사회조직 연구자들은 조직의 인간화(人間化)를 조직 개혁의 으뜸가는 원칙으로 삼고 있다(오석홍, 2016; Hasenfeld, 2009; Litwak, 1985).

이 원칙에 따라 연구자들은 인간 중시적 가치를 강조하는 행정 개혁을 시도해 왔다. 이들은 사회조직의 관리자는 조직구성원에 대한 감시와 통제 등 규제를 최소화하고, 권력을 분산하고, 소통을 증진하여 이들의 자존심과 일을 할 의욕을 북돋아 주어야 함을 주장한다. 이렇게 관료제(官僚制) 속성을 줄여 인간 중시적 체계를 갖춤으로써 고객에게 양질의 돌봄 서비스를 제공하려는 접근이다(오석홍, 2016; Hasenfeld, 성규탁 역, 1985).

다소간의 차이가 있지만, 일반적으로 사회적 조직들은 조직구성원 간의 정실 관계를 떠나 이들의 업무 실적(생산성, 경제적 실적)을 강조하는 경향이 있다.

이렇게 업무 실적을 강조하기 때문에 제공자가 고객의 인간성을 경시하거나 도외시하는 불상사가 흔히 발생한다. 예로 돌봄 서비스를 받은 고객의 수와 같은 통계 숫자(생산성, 업무 실적을 나타냄)를 중시하고 이 숫자가 어떤 인간관계를 통해서 이루어졌는가에 대해서는 별로 관심을 두지 않는 것이다.

그런데 중요한 점은 사람(제공자)이 사람(노고객)을 다루는, 순전한 인간 대 인간의 상호 관계 속에서 돌봄 서비스가 진행된다는 사실이다.

'인간'이란 주제에 관심을 가지는 이유는 다음과 같은 사회적 돌봄 조직의 공통된 문제가 있기 때문이다.

돌봄 서비스를 받는 고객을 업무 실적(생산성)을 달성하기 위한 도구로 보는 시각을 갖는 경우가 있을 뿐만 아니라, 고객을 무시하고 차별하며 학대하는 비인간적인 처우를 하는 불상사가 흔히 발생한다. 이런 바람직하지 못한 사례들은 사람 돌봄 서비스의 지상 목표인 인간 존엄성의 가치를 발현하는 데 부정적 영향을 미친다.

사회적 돌봄 조직은 노부모·고령자에게 미칠 수 있는 이러한 부정적 영향을 감소, 억제하는 데 주력해야 한다.

6. 사회적 돌봄의 확장

우리는 일생 줄곧 가족 바깥의 돌봄 조직들이 제공하는 다양한 사회적 돌봄 서비스를 받고 있다. 병원에서 출생하여 의료 돌봄을 받고, 보육원에서 보호·양육되고, 학교에서 교육되고, 교회나 법정에서 결혼하고, 노후에 요양원에서 요양·보호되고, 법률기관을 통해서 인권과 재산을 보호받고, 문화 및 예술 단체로부터 위안과 기쁨을 얻고, 사회복지 시설들로부터 여러 가지 돌봄 서비스를 받는다.

이와 같은 돌봄 서비스를 제공해서 사람들의 복지를 유지, 증진하는 사회적 돌봄 조직을 '인간봉사조직'(Human Service Organization)이라고 부른다(Hasenfeld, 성규탁 역, 1985).

가족 및 사회적 문제와 정신적 및 신체적 질환을 가진 고령자가 많아짐에 따라 이러한 인간봉사조직의 서비스 활동이 확장되고 있다.

이 돌봄 조직들에서 사회복지사를 포함한 의사, 간호사, 요양보호사, 재활치료사, 상담치료사 등 인간 봉사자들은 노부모·고령자와 상호 관계(인간관계)를 이루면서 돌봄 서비스를 제공한다.

사회적 돌봄은 상담, 치유, 교정, 재활, 구호 등을 필요로 하는 노부모·고령자에게 국가를 대신하는 정부와 민간의 NGO 등 공익단체들이 제공하는 돌봄 서비스이다. 개인 또는 집단의 신체적, 정신적 및 사회적 문제에 대해 심리적, 의료적, 사회적 및 사회 환경 조작적 기법을 적용하여 제공하는 긴요한 돌봄 서비스이다.

노인요양원, 노인병원, 보건소, 치매요양원, 노인복지관, 노인 일자리마련센터 등을 포함한 고령자를 위한 사회복지 시설들은 현대적 기술, 기구, 장비, 시설, 통신·교통수단 및 전문 인력을 갖추어 위와 같은 사회적 돌봄 서비스를 제공한다.

[주: 노인복지시설에는 다음과 같은 유형이 있다: 노인주거복지시

설(양로와 주거를 위함), 노인의료복지시설(요양을 위함), 노인여가복지시설(복지관, 경로당, 휴양소), 재가노인시설(가정 봉사, 주간 보호), 노인보호기관(학대 예방)]

이러한 사회적 돌봄이 없이는 경제적으로 어렵고 건강 쇠퇴기에 들은 노부모·고령자의 생의 질을 높여 이분들의 복지를 유지, 증진하기가 어렵다.

덧붙일 사실은 사회적 돌봄 활동이 확장되고는 있지만, 다수 노부모는 여전히 정실에 찬 인간적인 가족적 돌봄을 선호한다는 점이다 (이승호, 신유미, 2018). 이 사실은 노부모들이 가족이 존중과 애정으로 제공하는 인간 중시적 돌봄을 소원하고 있음을 시사한다.

하지만 사회적 돌봄 서비스를 받기를 원하는 고령자는 해마다 늘고 있다. 이런 고령자의 수는 2007년 전체 고령자 수의 77%였으나 2013년에는 93%로 늘었다(통계청사회조사 2008~2014). 이 자료는 고령자가 필요로 하는 돌봄 서비스를 가족이 충분히 제공하지 못하며, 고령자의 사회적 돌봄 서비스에 대한 잠재적 수요가 늘었음을 사사한다.

고령자는 건강, 수입, 고용, 주거, 여가, 인권, 지식, 사회 참여, 죽음 대처 등에 대한 욕구를 가진다. 생활이 어려운 고령자의 이러한 욕구를 충족하도록 돌보아 주는 과업을 사회적 돌봄 조직이 수행한다.

이 사회적 돌봄 조직을 통해서 다양한 유형의 돌봄 서비스가 각 지역에서 제공되고 있다. 사회적 돌봄 서비스는 가족적 돌봄을 실행하는 데 어려움을 겪는 자녀와 가족에게 도움이 되고 있다.

하지만 사회복지 제도가 발전 도상에 있는 현재로서는 제한적인 잔여적(殘餘的) 사회보장 혜택을 일정한 수혜 자격이 있는 사람들과 최저생활을 하는 고령자에게 우선 제공하고 있다. 다수의 고령자가 가입 자격 결격, 빈곤선 미달, 정부 재원 부족 등의 이유로 혜택을 받지 못하고 있다.

사회적 변화는 고령자의 사회적 돌봄에 대한 욕구를 증대하고 있다. 사람들의 수명이 연장되고, 가족원 수가 감소하며, 직장을 가진 여성과 남성이 늘어나고, 부모를 떠나 생활하는 자녀가 많아짐에 따라 노부모와 의존적인 가족원을 돌보는 손길이 줄어들고 있기 때문이다.

이런 과정에서 다수 노부모와 가족들에게는 사회적 돌봄이 필요하다. 바꾸어 말하면 가족적 노부모 돌봄의 부족을 보완하기 위해 가족 바깥의 사회적 돌봄을 활용할 필요성이 커지고 있다.

7. 다양화되는 사회적 돌봄 서비스

노부모·고령자를 위한 돌봄은 이분들의 점증하는 욕구를 충족하기 위해 다양화되고 있다. 이러한 욕구를 충족하는 여러 형태의 사회적 돌봄 조직들은 가족이 전통적으로 해온 돌봄을 대신 수행하는 경우가 많다.

이러한 돌봄 조직들이 제공하는 돌봄 서비스의 유형과 방법에 대해서 알아보고자 한다.

집 안에서 받을 수 있는 비의료적 돌봄 서비스

식사 배달, 가사 보조, 전화를 통한 안전 감독, 외출 시 동반, 교통편 제공, 방문해서 말 상대가 되어주기, 보호자를 위한 휴식 시간 제공, 전화 상담 등

집 바깥에서 받을 수 있는 비의료적 사회적 돌봄 서비스

노인복지관에서 제공하는 다목적 서비스, 공동 급식, 교통편 제공, 허약한 고령자를 위한 일시 위탁 서비스, 보호자 지원 서비스, 유언 과 상속에 관한 법률 상담, 레크리에이션, 각종 자원봉사 등

지역사회에서 돌봄 서비스를 제공하는 곳

사회복지관, 일자리제공센터, 동사무소, 노인위탁소, 경로당, 공동 식사 제공처, 자원봉사 집단 등

거택 서비스 제공자

가사 돌봄 서비스 제공자, 요양보호사, 거택 보건 서비스 제공자, 노 인의 전화, 가정 방문 서비스 제공자, 노인지원센터 등

병약한 고령자를 단기적 또는 장기적으로 보호, 요양하는 돌봄 서 비스를 제공하는 시설로서 다음을 들 수 있다:

노인홈, 노인요양원, 치매요양원

이런 시설에 입원하는 분들은 대개가 정신적으로나 신체적으로 질 환과 장애를 가진 분들로서 직장에 다니는 자녀가 아침부터 저녁까 지 함께 있으면서 돌보기가 어렵다. 따라서 상태에 따라 전문적인 돌

봄 서비스를 24시간 받을 수 있는 시설을 골라서 입원토록 하는 것이 가족에 따라서는 합당한 대안이 될 수 있다.

시설 선정 방법

노인요양원, 치매요양원 등 돌봄 시설은 여러 종류가 있으며 그 형태와 설립자(공설 또는 사설), 크기, 시설의 안전도, 시설의 환경, 서비스의 유형과 범위 및 전문성 정도, 비용 부담 정도가 다르다. 입원해 있는 분들의 개인적 특성도 다르고 신체적 장애와 질환도 다르다. 이러한 다양한 조건에 알맞은 시설을 선택하는 데는 노력과 시간이 필요하다. 장애가 심하거나 24시간 보호를 받아야 할 분에게 간호사, 요양보호사 등이 지속해서 재활, 약물 투여, 식이요법, 간호 등을 하고, 의사가 정규적으로 왕진을 해서 진단과 치료를 해주며, 사회복지사의 상담도 받을 수 있는 시설을 선택하도록 한다.

이런 시설을 선정할 때는 다음 사항을 참고할 필요가 있다.

* 시설의 분위기가 안락하고 가정적인가, 내부와 외부가 말쑥하게 꾸며져 있는가, 실내 공기가 잘 환기되는가
* 시설은 정부의 인가를 받았는가
* 면허증을 가진 간호사가 24시간 간호하는가
* 의사의 감독하에 서비스가 전달되며 필요시에 의사의 왕진을 받을 수 있는가
* 약은 면허된 약사가 조제하는가
* 식사를 개인적 상태에 맞게 마련해 주는가
* 재활 서비스를 제공해 주는가

* 오락, 레크리에이션 및 사교 활동을 할 수 있는가
* 시설이 안전하게 설치되어 있는가
* 시설 관리인과 요원들은 경험이 있고 공인 자격이 있는가
* 요원들은 친절하고 실제적인 도움을 주는가
* 교통이 편리한 곳에 있는가
* 의사, 간호사, 사회복지사가 추천하는 시설인가

이러한 조건들을 시설을 선정하기 전에 검정해야 한다.

검정에 앞서 그 지방의 노인회, 노인복지관, 노인의 전화, 병원의 노인병과와 사회사업실, 보건소, 동사무소, 사회복지관을 비롯한 노인의 복리를 위해 봉사하는 단체에 문의해서 그 시설에 대한 전문적 의견을 들어 보는 것이 좋다.

8. 고령자를 위한 사회적 돌봄: 사례

고령자를 돌보는 사회적 돌봄 조직들은 대개가 가족이 전통적으로 해온 돌봄의 상당 부분을 대신하고 있다. 이러한 조직들의 대표적 보기가 '노인요양원'과 '노인복지관'이다. 노인요양원과 노인복지관은 고령자를 위한 사회복지의 주축을 이루는 사회적 돌봄 서비스 제공자이다(최재성, 2016; 유영림, 김명성, 배영미, 2018).

고령자의 대다수는 병력을 가져 사회적 돌봄 조직인 병원을 자주 찾아 이용한다. 병약한 고령자가 병원을 방문할 때 병원의 치료자와 시설을 올바르게 활용하도록 돌보아 주는 일은 사회적 돌봄 제공자

가 해야 할 긴요한 과업이다. 그리고 어려운 생활을 하는 고령자들의 공통적인 문제는 병원에서 퇴원한 후 지속해서 돌봄을 받는 것이다. 이 문제는 고령자 본인은 물론 가족과 사회의 커다란 걱정으로 드러나 있다.

다음에 사회적 돌봄 조직인 (1) 노인요양원과 (2) 노인복지관이 제공하는 돌봄 서비스를 살펴보고, 이어 (3) 수다한 고령자들이 가장 빈번히 활용하는, 병원을 방문할 시 받아야 하는 돌봄 서비스와 사회적 이슈인 병약한 고령자가 병원에서 퇴원한 후 받아야 하는 돌봄 서비스에 대해서 살펴보고자 한다.

다음의 3가지 사회적 돌봄의 사례를 들어 해설하고자 한다.

[사례 1] 노인요양원
[사례 2] 노인복지관
[사례 3] 병원 - 방문 및 퇴원할 때의 돌봄

[사례 1] 노인요양원

돌봄 서비스와 인력

노인요양원(이하 요양원)은 노인성질환으로 자립하기 어려운 고령자와 65세 이상의 기초생활비 수급자로서 부양자로부터 적절한 돌봄을 받지 못하는 고령자에게 무료 또는 저렴한 요금(국가부담 80%, 자체부담 20%)으로 급식, 간병, 물리치료, 신체 활동, 주거 활동, 24시간 보호 등 일상생활에 필요한 의료보호와 사회복지 서비스를 제공하는 생활시설이다. 노인장기요양보험법에 따라 운영되는 사회적 돌봄 조직이다. 주로 사회보장제도의 공적부조와 생활보호를 받는 기초생활수급자, 장애인, 독거노인이 돌봄 서비스 대상자이다.

대다수 요양원은 관리자(사업주) 아래 3~4명의 계약직 요양보호사, 1~2명의 간호보조사, 1명의 사회복지사 등이 종사하는 소규모 조직이다(최재성, 2016; 정승은, 이순희, 2009; 편상훈, 이춘실, 2008: 261-287). 준의료시설, 통신정보 처리 장비, 온냉방시설, 안전장치, 운동기구, 교통수단 등을 갖추고 운영된다.

요양원의 주된 인력은 요양·보호 기술을 사용하는 요양보호사들이다. 이들은 아래에 소개하는 바와 같은 매우 다양한 돌봄 서비스를 제공한다.

사회복지사는 행사 참여, 지역 협동, 교육 등 외부 활동을 하며, 내부에서는 프로그램 운영, 정보시스템 관리, 업무평가, 근무일지 작성 등을 한다.

간호조무사는 만성질환이 있거나 장기적 요양이 필요한 입소 고령자들을 위한 건강 진단, 투약 관리, 식사 수발, 병원 의뢰, 상담-교육, 욕창 간호, 신체 수발, 통증 관리 등을 한다(이경자 외, 2004; 정승은, 이순희 2009).

모두가 취업 시험을 치르고 채용되어 조직 생활에 대한 훈련을 받고 직업 경험을 쌓는다. 문서화된 규칙, 위계적인 구조하에서 정실 관계에 구애되지 않고 효율적(경제적)으로 돌봄 서비스를 수행하며 수행 실적에 따라 보상을 받는다. 이들의 대다수는 고강도의 업무를 실행하고 있다(성기월, 2005; 김성희, 남희은, 박소진, 2012).

돌봄 서비스의 특성

사회적 돌봄 조직인 요양원은 최소한의 돌봄 인력을 투입하여 최대수의 입원 고령자를 위한 돌봄 서비스를 제공함으로써 경제적 실적(효율성)을 올리는 방향으로 운영하고 있다.

인력의 주축을 이루는 요양보호사가 제공하는 돌봄 서비스의 유형은 다양하여 기저귀 갈기, 침구 정리, 식사 케어, 방 안 일, 배설 관리, 화장실 케어, 목욕, 오물 청소, 빨래, 미용 서비스, 급여 제공, 환자 돌보기 그리고 사회 적응 서비스, 나들이, 기록 작성 등에 이른다.

입원 고령자들의 일상생활의 여러 면에서 돌봄 서비스의 균일화 또는 획일화 현상이 나타난다(이경희, 2016). 고령자 모두가 아침 6~7시에 기상하고, 저녁 10~11시에 취침하며, 일과(교육, 운동, 여가 등)는 시간이 미리 짜여 있고, 그동안 제공하는 돌봄 서비스와 고령자의 활동도 대체로 개별화되지 않는다. 취사 및 급식 서비스는 현대적 주방 시설과 식사 장소를 갖추고 전문 요양사가 주관한다. 메뉴와 급식 방법이 문서화된 규정에 따라 작성된다.

[주: 요양원과 대조적으로 가족적 돌봄 집단에서는 돌봄 서비스를 인간 중시적 가치를 받들며 책임성 있게 대가를 바라지 않고 실행한다. 노부모의 우발적이며 잡다한 문제를 개인별(면 대 면)로 존중과 애정 그리고 측은지심으로 돌본다. 다양한 집안일, 정서적 돌봄(보기: 마음을 편하게 함, 존경함, 걱정을 들어 드림, 친밀한 관계를 가짐, 고독감을 해소해 드림 등)과 아울러 수단적 돌봄(보기: 비상금을 마련해 드림, 여가 활동을 지원함, 물건 구입을 도움, 교통편을 제공함, 주거 유지를 도움, 집안일을 도움 등)을 제공하며 노부모를 위한

개인적 케어(얼굴 화장, 옷 치장, 칫솔질 등)를 해나간다.

문제와 대안

준의료시설과 보호수용시설을 갖추어 기술적 케어를 하고 있다. 하지만 노입원자의 개인적 요구를 충족하는 데 역부족이다. 돌봄 서비스가 균일화됨으로써 노입원자 개인의 선택권과 자율성을 보장하기가 어렵게 된다. 고령의 입원자는 변화와 회복을 하여 개발될 수 있는 주체로 보이지 않는 경우가 많다.

효율적(경제적)으로 운영하고 있지만 균일화되지 않은 돌봄 서비스는 제공하지 않는 경우가 많다. 이는 돌봄 서비스 전달에서 발생하는 바람직하지 못한 '부당한 돌봄'(disservice)이라고 볼 수 있다.

사회적 돌봄 조직인 요양원이 잘하는 것은 예측이 가능하며 문서화된 순서에 따른 문제들을 해소하기 위한 기술적 돌봄 서비스를 다수 고령자에게 제공하는 것이다. 그리고 바람직하게 하지 못하는 것은 면 대 면으로 개별적 접촉을 하며 인간적인 정으로써 돌보지 못하는 것이다(김민경, 김미혜, 김주현, 정순돌, 2016).

요양원은 노입원자들의 문제를 인간 중시적 가치를 발현하며 개별적으로 풀어나가야 한다. 특히 돌봄의 가치적 측면에 많은 에너지를 투입해야 한다. 즉, 인간 중시적인 돌봄 조직으로 재편성하여 고령자를 존중하며 돌보는 내면화된 이타적인 가치를 간직하도록 해야 한다고 본다.

[사례 2] 노인복지관

돌봄 서비스와 인력

노인복지관은 노인복지법(제36조)의 시행령에 따라 설정, 운영되고 있다.

노인복지관은 사회보장제도의 공적부조와 생활보호를 받는 (해당 지역에 거주하는) 고령자를 위한 사회교육, 상담, 주간 보호, 건강 증진, 여가 활동 등을 위한 돌봄 서비스를 제공하여 고령자의 삶의 질을 높이고 복지를 증진하는 다목적 시설이다(원영희, 모선희, 1998; 유영림, 김명성, 배영미, 2018; 허준수, 2018). 노인복지관(이하 복지관)은 위생시설, 통신정보 처리 장비, 온냉방시설, 안전장치, 운동 시설, 교통수단 등 수단적인 조건을 갖추고 있다.

주된 인력은 사회복지사이다. 사회복지사는 급식을 비롯한 상담, 사회교육 프로그램(주 1회 열리는 미술, 음악, 교양, 건강, 운동 등에 관한 강의 또는 실습), 여가 풀이, 자원봉사 등 업무에 배정되어 가족 방문, 장소 준비, 인원 점검, 강사 보조, 업무 평가, 정보시스템 관리, 근무일지 작성 등을 한다. 이런 내부 활동과 겹쳐 자원봉사자 개발, 지역 협동, 교육 참가 등 외부 활동을 한다. 가족 지원 서비스로서 상담과 방문을 하지만 인력 및 전문화 부족으로 바람직하게 실천하는 데 어려움을 겪고 있다. 제한된 인력을 가지고 경제적 효율성을 올리기 위해 무리한 운영을 하고 있다.

돌봄 서비스의 특성

대형 복지관은 다양한 교육 프로그램을 운용한다. 미술, 음악, 영화, 비디오, IT, 교양, 운동, 레크리에이션, 자원봉사 등에 관한 강의, 실습, 실연을 한다. 이 교육 프로그램에 참여하는 회원은 회비를 내고 필요한 도구, 장비, 악기 등을 자급한다. 대다수가 교육을 받고, 외모를 갖추고, 용돈을 가진 건강한 고령자들이다. 노회원들은 일주일에 2~3번씩 내관하여 한두 가지 프로그램에 참여하고서는 귀가하거나, 도서실에 가거나, 낭하에서 점심시간을 기다린다.

문제와 대안

노회원들에게 개별적으로 인간 중시적 돌봄 서비스를 제공하는 데 어려움이 있다(고진영, 황인옥, 오희영, 2009). 예로 사회복지사는 사무적이고 테크니컬한 일에 몰두하여 본연의 전문적 사회복지 실천과는 거리가 있는 서비스 활동을 한다. 다목적 시설인 복지관은 인력 부족으로 개별화된 상담, 치유, 지도 등 전문적 돌봄 서비스를 제공하기가 어려우며 돌봄 서비스를 가능한 균일화한다.

사회복지사의 인력 부족에 따른 과도한 업무량으로 정서적 탈진이 생기고 있다. 이로 인해 서비스의 특성화와 전문화 그리고 인간화가 어렵다. 사회복지사에 대한 처우 개선이 우선 다루어져야 한다. 그럼으로써 복지관의 다목적 돌봄 서비스의 효과성과 인간화를 이룩할 수 있다.

복지관은 요양원의 경우와 같이 돌봄의 가치적 측면에 많은 에너지를 투입해야 한다. 즉, 인간 중시적인 돌봄 조직으로 재편하여 내면화된 이타적인 가치를 간직하도록 해야 한다.

[사례 3] 병원 - 방문 및 퇴원할 때의 돌봄

방문할 때의 돌봄

대다수 노부모·고령자는 고령이 됨에 따라 병약해져 사회적 돌봄 조직인 병원을 자주 방문하여 이용한다. 이분들의 다수는 장기간의 병력을 가지며 병원의 치료자와 빈번히 접촉하며 후속 절차를 밟아 나간다.

노환자와 가족 그리고 병원측은 다음 사항을 배려해야 한다.

병원은 시간과 비용을 합리적으로 절감하기 때문에 환자를 위한 접수, 면접, 진료, 퇴원을 경제적 조건을 염두에 두고 운영해 나간다. 병원을 방문할 때 이런 공식적인 운영을 이해하며 필요한 절차를 밟아 나가야 한다.

고령자들 가운데는 장애를 지닌 분들이 많으므로, 병원에 도착할 때부터 이동에 지장이 없도록 휠체어, 워커 등 이동 보조기를 준비해야 한다. 그리고 이분들은 치과의사, 물리치료사, 발 치료사 등 담당 의사와 다른 의료서비스 제공자들을 만나야 할 경우가 많다. 이들과 연결되도록 도와야 한다.

병원 측은 환자에 대한 여러 가지 정보가 필요하다. 가급적이면 환자의 가족이 함께 병원에 와서 환자에 관한 정보를 제공하는 것이 좋다.

면접할 때는 부드럽고 분명하게 천천히 이야기하도록 한다. 고령자는 흔히 보청기를 사용하기 때문에 보청기를 켜놓도록 한다. 대화할 때는 환자가 잘 알 수 있도록 글을 쓰거나 도면 또는 사진을 사용해서 설명할 수 있다.

고령 환자의 문화적 관습, 가치관, 종교를 알아 둘 필요가 있다. 이런 정보는 치료 방법을 택하고 진료를 진행하는 데 긴요하다. 동반해 오는 가족원이 이런 부수적인 정보를 제공할 수 있다. 고령 환자의 치료에 대한 불만족은 흔히 불충분하거나 불확실한 정보 때문이다. 그분이 필요로 하는 정보를 모든 방법을 활용해서 전해 주어야 한다.

퇴원할 때의 돌봄

매우 커다란 문제는 병원에서 퇴원한 후 돌보는 일이다. 퇴원 후 어떻게 돌보아 나가느냐는 문제를 두고 걱정하는 자녀들과 가족들이 많다. 이 문제는 비단 자녀와 가족만의 문제가 아니라 사회적 이슈로 드러나고 있다.

퇴원할 고령자의 가족은 그 병원의 사회복지사를 찾아 퇴원 후 지역사회에서 입수할 수 있는 각종 돌봄 서비스에 대한 정보를 얻고, 돌봄 시설에 의뢰를 받도록 해야 한다.

퇴원 후 회복기에 들어서도 특정 기간의 가족적 돌봄은 물론 사회적 돌봄을 계속 받아야 한다.

별거하는 성인 자녀는 노부모가 사는 지역에서 필요한 사회적 돌봄 서비스를 물색해야 한다. 해당 지역 내의 친지, 사회복지 시설, 노인의 전화, 보건소, 동사무소, 교회·사찰 그룹, 자원봉사 그룹 등을 통해 도움을 구할 수 있고, 요양보호사, 방문간호사, 간병 동아리, 자원봉사 간병인의 도움을 받을 수 있다.

하지만 병약한 고령자가 이러한 도움을 받기 위해서는 미리부터 가족원들, 친지들, 지원자들로 이루어진 지원망을 꾸며 놓을 필요가 있다.

병약한 고령자가 필요로 하는 돌봄에는 여러 가지 유형이 있다. 예로 심장질환이나 지체장애를 가진 고령자들 가운데는 하루에 한 끼 식사와 일주일에 한 번 빨래만 해주면 정상적으로 생활해 나갈 수 있는 분들이 있다. 한편 중증질환을 가져 장기적으로 집중적인 돌봄과 치료를 받아야 하는 분도 있다. 예로 심장마비 또는 뇌졸중을 앓았거나 치매와 같은 심한 정신질환을 가진 분들은 24시간 돌봄과 보호를 받아야 한다. 이분들은 신체적으로 마비가 되지 않았다 해도 지속적인 보호와 전문적 간호가 필요하다.

집중적인 돌봄이 필요한 분들도 자기 집이나 자녀 집에 거주하면서 간호를 받을 수 있다. 이러한 중환을 지닌 분들을 돌본다는 것은 쉴 사이 없이 계속되는 일이기 때문에 정신적으로나 육체적으로 매우 힘이 든다. 보호자는 자기 자신을 위해 때를 가려 휴식과 안정을 취할 필요가 있다. 이럴 때 지원망에 속하는 친척이나 가까운 친구 또는 자원봉사자가 일정 시간 동안 대신 환자를 돌보아 주도록 부탁할 수 있다. 그리고 가정 방문 간호사 또는 요양보호사가 무료 또는 유료로 환자를 간호하도록 할 수도 있다.

[주: 인공 심부름 장치(Robot Server)의 활용:

다양한 유형의 인공 심부름 장치(robot server)가 사용되기 시작했다. 이런 장치로부터 고령자, 장애인, 환자를 포함한 도움이 필요한 사람들이 특정한 유형의 도움, 주로 수단적(방편적, 물질적) 도움을 받을 수 있다. 하지만 이러한 인공 장치는 도움을 받는 사람(고객)과의 정서적 교환을 하가나 사람의 마음속의 정에서 우러나는 인간 관계적이고 감정적인 돌봄을 제공하기가 어려울 것이다. 사람 돌봄의 요건인 사랑, 존중, 측은지심의 가치를 실현하는 데 한계가 있을 수 있다. 앞으로 인공지능이 고도로 개발된다고 하여도 이러한 한계를 극복하기는 어려울 것이다.]

중증환자인 노부모를 보살피는 일은 어려운 일이기에, 가족원들 (친척 포함)이 사전에 회의해서 어느 가족원이 어떠한 돌봄을 어느 정도로 분담할 것인지, 어떤 책임을 어느 기간 동안 질 수 있는지, 그리고 부모를 간호하는 일이 자신들의 가족(배우자, 자녀)에게 어떠한 불편을 가져다줄 수 있는지를 상의해야 한다. 이렇게 함으로써 가족원들의 어려움을 상호 이해해서 각자의 불이익을 최소화하고 돌봄을 위한 협동과 화합을 이룩할 수 있다.

그런데 가족이 정성스럽게 측은지심으로 돌보겠지만 간호의 질이나 결과를 본다면 사회적 돌봄 시설인 요양원, 병원 등에서 전문인들이 제공하는 기술 중심적 돌봄을 받는 것이 더 나을 수 있다.

사람마다 자기의 사생활 및 인생관을 좌우하는 개인적 신조, 문화적 배경, 종교적 믿음을 가지며 인권과 존엄성을 간직한다. 따라서 제공자(의사, 간호사, 사회복지사, 물리치료사 등 케어를 제공하는 전문인)는 무엇보다도 먼저 고령자와 그의 가족을 존중해야 한다.

우리 문화에서는 겸손하고 체면을 차리는 것을 중요시해서 환자는 치료자의 말에 순종하는 경우가 많다. 그렇지만 치료자는 권위적인 태도를 보이지 않도록 해야 한다. 그렇지 않으면, 고객을 자기로부터 유리시키게 되고, 앞으로 케어를 계속하는 데 필요한 바람직한 치료자-고객 관계를 이룩하기 어려워진다.

제공자는 노환자가 솔직하고 열린 대화를 하도록 이끌어야 한다.

고객이 의사표시를 하는 데 힘과 자신감을 갖도록 지지해 주고, 그의 가족원도 편안한 마음으로 대화하도록 유도해야 한다,

대화를 촉진하는 첫째 요건은 다름 아닌 고객(환자)을 '존중'하는 것이다. 즉 그에게 관심을 가지고, 그를 중요시하고, 그에게 도움이 되는 것을 해주고자 하는 성의를 보이는 것이다. 그리고는 그의 문제에 대해 하나하나 살펴 나가기 시작한다.

고령 환자와 대화할 때는 그분에게 충분한 시간을 주어야 한다. 듣고 생각하고 응답하는 데 시간이 걸리고, 검사복으로 갈아입는 데도 보통 환자보다 시간이 더 걸린다. 그리고 고령 환자는 여러 가지 의학적인 문제를 지니며 복잡한 치료 절차가 필요하기에 치료자의 많은 시간이 필요하다.

고령자의 이런 특수한 문제를 슬기롭게 해소하려면, 그분이 필요로 하는 여러 작업과 절차를 다른 제공자들 — 의사, 간호사, 사회복지사, 검진 기사, 자원봉사자 등 — 과 협의, 협동하여, 초진 때부터 이들로부터 협조와 도움을 받아 나가도록 주선하는 것이 좋다.

인지력 손상 고령자의 경우

고령자를 돌보는 봉사자는 흔히 치매와 같은 인지적 장애를 지닌 케이스를 다루게 된다. 치매 환자의 경우는 환자와 가족과 합동해서 치료 방안에 대해 협의해야 한다. 약물치료에 못지않게 긴요한 것은 치유를 위한 전략, 교육 및 지지이다. 집안에서도 의사 지시에 따라 환자의 변화에 대한 정보를 파악하고, 용태 변화에 관해 치료자에게 알리며 상태를 기록해 나가야 한다. 가족원은 환자와 대화하는 방법을 학습해야 한다.

예로 복잡한 단어를 나누어 환자에게 전달한다든지, 환자가 할 일을 작은 부분으로 나누는 기법을 사용하는 것이다. 꼭 알아야 할 점은, 어떤 인지적 및 행태적 문제는 병적인 현상이어서 환자의 통제밖에 있다는 사실이다. 지속적이고 정기적으로 돌보아 나가야 환자에게 도움이 된다. 가장 어려운 문제가 무엇인지를 파악해 두어야 한다. 치매는 가족원에게 정신적 및 신체적으로 커다란 어려움을 끼쳐 흔히 돌보는 가족원을 소진하게 만든다. 그래서 돌보는 가족원을 '숨은 환자' 또는 '제2의 환자'라고 부른다.

고령자를 치료하는 데 있어서 특히 죽음과 죽음에 이르는 과정에 대한 배려가 필요하다. 치료자와 보호자는 이 과제를 염두에 두어야 한다. 대개의 고령 환자는 자기 죽음에 관해 가족, 친지와 이야기하고 죽음에 앞서 해야 할 일을 의논한다. 그리고 치료 과정에서 인공호흡기와 급식 튜브를 사용해서 장기 치료를 할 것인가에 대해서도 의견을 토론한다. 가족은 담당 의사와 임종 시의 의료에 관해 상의해 나가야 한다.

이상 세 가지의 사례는 모두 새 시대의 노부모·고령자가 필요로 하는 사회적 돌봄의 보기들이다. 전국에 산재해 있는 노인요양원과 노인복지관은 고령자를 위한 대표적인 사회복지 돌봄 시설이며 다수 고령자가 가장 자주 활용한다.

병원도 역시 무수한 고령자들이 가장 자주 활용하는 사회적 돌봄 시설이다. 병원에서 퇴원한 병약하고 회복기에 있는 고령자를 돌보는 일은 가족과 사회의 커다란 과제로 드러났고, 고령자에게 병원의 의료 요원과 시설을 효과적으로 활용하도록 인도, 지원하는 돌봄 서비스도 고령자의 가족은 물론 병원 당국이 수행할 긴요한 과업이다.

이러한 중요성을 간직한 요양원과 복지관 그리고 병원의 관리자와 제공자는 돌봄 서비스의 가치적 측면에 많은 에너지를 투입해야 한다고 본다. 즉, 인간 중시적인 돌봄 조직으로 발전적인 변화를 이루어 고령자를 애정과 존중으로 돌보는 내면화된 이타적인 가치를 간직할 필요가 있다.

9. 사회서비스의 활용

1) 사회서비스

사회서비스(Social Service)는 사회복지사업법에 따라 지방자치단체와 민간 사회단체가 제공하는 사회복지서비스로서 사회보장제도의 혜택이 개인과 가족에게 바람직하게 미쳐 이 제도가 원만하게 운용되도록 뒷받침 또는 중매 역할을 하는 대인적이며 사회적인 돌봄의 중요한 방법이다.

이 사회서비스는 정부와 민간단체의 지원으로 운영되는 요양원, 병원, 복지관을 포함한 다양한 사회복지 돌봄 단체 및 시설에서 사회복지사 주도로 제공된다. 이러한 시설은 앞에 열거한 바와 같이 여러 가지가 있다.

사회보장제도의 공적부조와 사회수당을 받는 생활이 어려운 고령자와 가족에게는 빈곤, 질병 및 신체장애로 인한 사회적 문제가 많이 발생하는 경향이 있다. 사회서비스는 이런 문제를 해소하여 고령자와 가족이 바람직하게 생활하도록 잠재력을 길러 주고, 개인적 및 사회적 조건을 조정, 개선해서 복리를 증진하는 긴요한 역할을 한다 (권중돈, 2019; Campton & Galaway, 1984).

주로 사람의 마음속 심리적 작용이 미치는 영향을 분석하여 문제를 해소(치료)하고, 사회 환경이 사람의 행동에 미치는 영향을 분석, 조정해서도 문제를 해소한다. 또 심리적 작용과 사회 환경적 영향을 함께 조정해서 문제를 푼다. 아울러 집단과 지역사회를 변화시킴으로써 보다 확장된 복지를 이룩하는 접근도 한다(양옥경 외, 2018; Gambrill, 1983).

사회복지사는 이러한 방법으로 직접적인 상담, 치유, 구호 등 돌봄 서비스를 제공하지만, 다양한 돌봄 서비스를 제공하는 전문인과 시설로 연결해 주는 의뢰 서비스도 한다.

노부모에게 어느 곳의 돌봄 서비스가 적당한가 또 서비스를 어떻게 신청하는가를 모르는 경우가 있다. 사회복지사가 해당 지역 내에서 제공되는 사회서비스를 포함한 각종 사회적 돌봄 서비스를 제공하는 시설 및 단체에 대한 실정을 알고 있다. 적어도 한 사람의 사회복지사가 노부모에 대한 사정을 알고 관심을 가지면 크게 도움이 될 수 있다.

2) 사회복지사의 역할

사회복지사는 눈에 잘 띄지 않는 사회 저변에서 빈곤, 차별, 소외, 폭행, 재난, 약물 남용, 가족 문제, 문화적 차이 등의 어려움을 겪는 사람들에게 그들의 직업윤리인 존중-사랑-존엄성을 고양하며 돌봄 서비스를 제공한다(한국사회복지사협회 윤리강령, 2012; 한국사회복지학회, 2015).

이 사회서비스의 대상인 노부모·고령자는 다양한 가족적 및 사회적 배경을 가진 인권과 존엄성을 간직한 분들이다. 이분들에 대한 사회서비스는 마땅히 존중과 사랑으로 이루어지는 인간 중시적 가치를 준수하며 제공되어야 한다.

이러한 필요성은 앞서 사회복지조직 연구자들이 주장한, 사회조직의 '인간화'의 중요성을 깨닫게 한다. 인간화를 위한 가장 주요한 가치는 '존중'과 '인간 존엄성'이다. 이 가치는 우리의 고유한 문화적 자산인 인간 중시적 가치에 담겨 있다.

사회복지사는 이러한 가치를 받들며 노고객들과 얼굴을 맞대며 구체적인 돌봄 서비스를 전달한다. 정규 사회복지 교육을 받고 사회복지사 자격을 취득한 전문인이다. 이들이 맡은바 돌봄 임무를 수행하는 정도와 질의 높고 낮음에 따라 사회적 돌봄이 사회 현장에서 실현되는 정도의 고하가 결정될 수 있다고 본다.

노부모를 돌볼 능력이 약하거나 없는 가족이 으레 찾는 이가 사회복지사이다.

이들이 사회복지 최일선에서 고령자에게 전달하는 사회서비스는 인간 중시적으로 제공되어야 한다. 사회복지사가 이러한 접근을 하면 고객은 치료자에게 따뜻하고, 애정 어린 감정을 가지게 되며, 자연스럽게 긴장을 풀고, 부딪친 문제로 인한 스트레스와 두려움을 해소하고, 개입자와 협조적인 관계를 맺게 된다(Gambrill, 1983). 이런 관계를 이루는 것이 사회서비스 개입의 첫째 조건이다.

C. Rogers(1961)는 고객 중심적 접근을 하는 데 필요한 기법으로서 감정이입(empathy, 고객의 감정을 동감하고 나누어 가짐), 온정

(warmth, 따뜻한 마음) 및 성실성(genuineness, 정성스럽고 참됨)을 들었다. 그는 이 3가지를 돌봄 제공자가 반드시 갖추어야 할 요건이라고 했다.

이 요건들은 남을 위한 진실한 이타적 행동임을 보아 사랑, 존중 및 측은지심으로 발현되는 인(仁)과 맥을 같이 한다고 볼 수 있다.

우리는 소득, 건강, 주택, 교통편, 레크리에이션, 재활 서비스, 고용, 세금 감면 등 수단적 돌봄을 강조하는 경향이 있는데, 질적 차원의 정서적 돌봄에도 더 많은 관심을 기울여야 하겠다.

사회서비스 대상자인 노부모·고령자는 이 두 가지의 돌봄이 모두 필요하다. 따라서 수단적 돌봄과 정서적 돌봄을 연계해서 종합적 사회서비스를 제공하는 것이 바람직하다.

이런 두 가지의 필요조건과 관련하여, 송복(1999) 교수의 다음 설명을 참고할 수 있다.

> 예(禮, 대인관계에서 지켜야 할 규범)는 외면적, 형식적으로만 지켜서 되는 것이 아니라 내면적으로 마음에서 우러나게 행해야 한다. 이 양면이 모두 조화, 균형되어 합일의 상태를 이루어져야 예가 이루어지는 것이다.

사회복지사는 이와 같은 규범에 따라 고령자에게 정서적인 돌봄과 아울러 수단적인 돌봄을 윤리적인 예(禮)를 지키면서 제공하는 것이 바람직하다.

이런 인간 중시적인 서비스 활동을 하는 사회복지사는 우리가 지향하는 복지사회의 기틀을 다져 국가·사회의 안정을 이룩하는 시멘트(접착제) 역할을 한다고 본다.

10. 사회적 돌봄의 활용

사회적 돌봄은 위에 논한 사회서비스를 포함한다.

가족 바깥에서 고령자에게 봉사하는 인간봉사조직(人間奉仕組織) — 사회적 돌봄 조직 — 은 고령자를 돌보는 데 필요한 기술과 지식, 장비와 시설 및 전문 인력을 갖추어 오늘날 그 필요성이 증대하는 전문적 돌봄 서비스를 제공한다. 각종 생물학적 및 사회심리적 질환을 지닌 고령자가 필요로 하는 사회적 돌봄이다.

이러한 돌봄 서비스를 요양원과 복지관의 경우와 같이 균일화하고, 돌봄 업무의 합리화를 중시하며 인간적 정실보다도 경제적인 실적을 올리는 방향으로 제공하는 경향이 드러났다.

즉 아래와 같은 속성의 돌봄 서비스를, 정도의 차이는 있지만, 제공하고 있다.

* 기술 중심적 돌봄(사회심리적, 보건의료적 및 환경조작적 기법을 적용한 치유, 교정, 재활, 예방, 간호, 요양)
* 다수를 위한 돌봄(돌봄 대상을 비개별화 및 균일화함)
* 돌봄 기준에 따른 타율적인 돌봄(미리 정해진 규칙, 기준, 지시를 따라 제공함)
* 효율적인 돌봄(한정된 인력 및 자원으로 최다수 고객을 돌봄으로써 경제적으로 업무 실적을 올림)

위와 같은 속성을 지닌 돌봄 서비스는 인간적 정을 섞지 않는 비정실적인 성향인 경우가 흔히 있다고 본다. 돌봄 서비스의 효율성을 중시하여 정보다는 물질적인 금전을 가지고 제공자의 작업 동기를 이룩하기 때문이다.

사회적 돌봄 조직들(시설들)은 흔히 위와 같은 한계점을 가지고 노부모·고령자에게 돌봄 서비스를 제공한다. 그러나 이들은 전술한 바와 같이 현대 사회에서 불가결한 사회심리적 및 보건의료적 돌봄을 노부모·고령자에게 제공한다.

퇴계가 돌보아 줄 것을 호소한 환과독고(鰥寡獨孤, 늙어서 아내 없는 자, 늙어서 남편 없는 자, 늙어서 아들 없는 생활이 어려운 고령자들 등) — 사회적 약자 — 를 커버하는 돌봄 서비스가 오늘날 각 지역에서 제공되고 있다. 이 사회적 돌봄 서비스는 효를 실행하는 데 어려움을 겪는 자녀와 가족에게 도움이 되고 있다.

하지만 사회복지 제도가 발전 도상에 있는 현재로서는 제한적인 사회적 돌봄 서비스를 일정한 수혜 자격을 갖추고 최저생활을 하는 고령자에게 우선 제공하고 있다. 다수 고령자가 수혜 자격 결격, 빈곤선 미달, 정부 재원 부족 등의 이유로 혜택을 받지 못한다.

이러한 제한점을 가진 사회적 돌봄을 제공하는 조직(시설)은 일반적으로 가족적 돌봄 집단이 간직하는 인간 존중, 인간애, 측은지심과 같은 정으로 찬 감정적 유대 관계가 약하며 인간 중시적 가치를 높게 발현하지 못하는 어려움이 있다.

따라서 사회적 돌봄 제공자는 돌봄 서비스의 개별화를 높이고, 균일화를 줄이고, 경제적 효율화를 낮추고, 돌봄 인력을 늘리고, 서비스의 질을 높여 부당한 돌봄 서비스(disservice)를 중단할 필요가 있다.

이렇게 발전적 변화를 이룩하기 위해서는 국가(정부, 지방자치단체)와 사회단체(NGO 등)의 정책적 및 재정적 지원이 필요하다.

11. 사회적 돌봄의 윤리적 실행

개인의 자유와 평등사상에서 윤리 문제를 끌어낸 서양 윤리와 달리, 한국을 포함한 유교 문화권 나라들의 윤리는 가족적인 효의 관점에서 그리고 인간 대 인간의 사회적 관계에서 윤리의 근거를 찾는다(윤성범, 1975; 김낙진, 2004: 62-63).

이런 인간적 관계란 퇴계가 교시한바 사랑과 존중, 그리고 효를 이루는 인의 가치를 지향하는 사람들의 서로 돌보는 인간 중시적 관계라고 볼 수 있다. 사회적 돌봄 서비스를 실행하는 데 사회복지사를 포함한 돌봄 서비스제공자들이 지켜야 할 윤리도 이러한 널리 숭앙받고, 바람직하며, 마땅한 가치를 바탕으로 정립되어야 할 것으로 본다.

사회복지 윤리는 사회복지사 등이 돌봄 서비스를 제공하기 위해 접촉, 개입하는 개인, 집단 및 지역사회와 상호 관계를 유지하는 데 있어 반드시 지켜야 하는 원칙을 말한다. 즉, 윤리는 제공자가 돌봄 서비스를 올바르게 수행토록 사회적으로 통제하는 수단이 되는 것이다.

사회복지사 등이 일반적으로 지켜야 하는 다음과 같은 윤리적 규칙이 있다.

<첫째> 돌봄 대상자(고객)를 존중하는 규칙이다. 즉 고객의 존엄성을 받드는 것이다. 이 규칙은 사람 돌봄에 있어 제공자가 준수해야 할 엄중한 윤리적 원칙이다. 서비스 대상이 고귀한 사람이기 때문에 이들을 존중하며 돌보기 위해서 지키는 규범이다.

제공자는 다양한 배경을 가진 노고객들에게 돌봄 서비스를 제공

한다. 이분들에게 연령, 성별, 사회적 계층에 상관없이 공평하게 존중하며 위신을 세워주고, 관심을 두어야 한다.

모습이 추하고, 몸에서 악취가 나고, 양복에 오줌을 적시고 있는 노고객에게도 화려하게 화장을 하고, 비싼 장식을 하고, 고급 양복을 입은 고객을 대하듯이 공평하게 존중하며 대해야 한다. 결코 개인적 느낌이나 감정에 따라 고객을 대하여서는 안 된다.

<둘째> 노고객의 자기결정권을 존중해야 한다. 어떤 고령자는 자기결정을 하기 어려울 수 있겠지만, 사회서비스의 주목적은 어디까지나 고객 스스로 자기가 원하는 방향으로 결정을 하도록 가르치며 인도해 나가는 것이다.

제공자는 노고객이 자신이 원하는 방향으로 자신의 생을 이룩해 나가도록 지식, 정보, 방법을 알려 준다. 정신질환자와 현실 감각을 잃은 노고객의 자기결정권을 제한할 필요가 있다면, 법과 사회복지 전문직의 책임 범위 내에서 최소한의 제한을 하고, 곧 자기결정을 하도록 도와야 한다.

<셋째> 노고객과의 대화 내용을 비밀에 부치는 과제이다. 사회서비스의 특색은 고객에 관한 다양한 정보를 수집한다는 것이다. 즉, 고객의 생활 환경, 가슴속에 간직하는 감정, 가족과 친구에 대한 정보, 건강, 재정, 종교, 성생활 등에 관한 정보이다. 노고객과 사회복지사 사이에서 발생하는 이런 방대한 정보를 엄격히 비밀에 붙어야 한다. 이런 정보는 노고객의 동의와 기관 정책에 의하지 않고서는 다른 사회복지사나 시설 또는 일반 사람이나 단체에 넘겨줄 수 없

다. 오늘날 통신기술이 발전하여 사람들에 관한 정보에 쉽게 접근할 수 있게 되어 개인의 사적 비밀과 비밀보장 문제는 매우 심각한 사회복지 전문직의 문제로 등장하였다. 어떻든 사적 비밀보장은 민주사회에서 개인 인권을 존중하는 의무이며 제공자가 지켜야 하는 기본적 가치이다. 이러한 전문직 가치는 사회복지 돌봄 실천 가치에 깊이 뿌리박혀 있다.

사회복지 돌봄은 사회의 다수 사람이 보편적으로 중요시하고, 의미 있고, 바람직하고, 값있다고 믿는 위와 같은 가치에 바탕을 두고 있다. 이 가치가 사회복지사 등 돌봄 서비스 제공자들의 생각과 행동을 인도해 주는 지렛대 역할을 한다.

사회적 돌봄 윤리의 핵심이 되는 준칙은 위에 언급한 노고객의 존엄성 존중, 결정권 존중 및 사적 비밀 존중이다. 이와 아울러 사회복지사가 갖추어야 할 준칙으로서 사회정의 실현, 고객 돌봄에 대한 사명감, 전문적 능력의 발휘, 공평성 있는 고객 돌봄 등을 들 수 있다(한국사회복지사협회 윤리강령, 2008; Code of Ethics, NASW, 2012).

아울러 한국 문화적 맥락에서 제공자가 지켜야 할 윤리적 준칙으로서 전통적인 인간 중시적 가치, 그리고 존중, 사랑, 측은지심 및 서(恕)로 발현되는 인을 들 수 있다. 이러한 일련의 가치는 한국적인 사회복지 실천의 윤리적 준칙이 된다고 본다.

위에서 논의한 여러 가지 가치와 규범을 고려하여 사회복지사 등 돌봄 서비스 제공자가 사회 현장에서 노부모·고령자에게 돌봄 서비스를 제공하는 데 있어 지켜야 할 실천 준칙으로서 다음을 간추려 볼 수 있다.

* 고객을 존중한다(존엄성을 받든다)
* 고객을 사랑으로 대한다
* 고객을 측은지심(깊은 동정심)으로 돌본다
* 모든 고객에게 성(性), 사회적 계층 및 종교의 차이에 상관없이 공평성이 깃들은 전문적 돌봄 서비스를 제공한다

위와 같은 기본적 가치에 준하여 다음을 지킨다.

* 고객의 자기결정을 존중한다
* 고객의 사적 비밀을 지킨다
* 고객에게 개입 방법 및 절차를 알려 준다
* 사회의 제도와 조직을 고객의 긍정적 변화를 이룩하도록 이끈다

사회복지 돌봄을 공평성 있게 제공함은 다음과 같은 이념을 실현하는 것이라고 본다.

> 자신과 가까운 사람이나 먼 사람이나, 친밀한 사람이나 모르는 사람이나, 은혜를 입은 사람이나 아닌 사람이나 모든 사람을 공평무사하게 대우하는 것이다(도성달, 2012: 123).

이러한 점과 연관된다고 보는 다음 공자의 말을 덧붙이고자 한다.
비천한 사람이 나에게 물어오면 그 사람이 무지하더라도 나는 성의를 다하여 처음부터 끝까지 가르쳐 주기를 하노라(『논어』, 「자한」 7).

배경이 다른 여러 고객을 돌보는 데 있어 공통적으로 존중, 공평, 겸손의 덕목을 갖추어야 함을 중시하는 가르침이다. 즉 퇴계가 밝힌 인간관계에서 지켜야 할 만수이일(萬殊理一)의 원칙을 지키는 것이다.

퇴계의 다음과 같은 호소는 우리의 심금을 울리며, 우리가 사람을 돌보는 데 있어 지켜야 하는 사회윤리적 가치를 알려 준다.

> 돌봄이 필요한 사회적 약자인 개인, 집단, 공동체의 어른과 어린이 는 모두 나의 형제이며, 이들을 마치 나의 친족과 같이 사랑으로 돌보아야 한다(이황, 『성학십도』, 「인설」).

퇴계의 인에 대한 다음 정의를 보면 그의 이러한 가치적 호소에 담긴 깊은 이타적 동정심을 이해할 수 있다.

> 인의 마음은 따뜻하게 남을 사랑하고 모든 것을 이롭게 하는 마음이 며, 사심 없이 이타적인 측은한 마음이다(이황, 『성학십도』, 「인설」).

이러한 퇴계의 호소를 요약하면, 사람을 돌보는 데 있어 인간적인 정을 발현하며 인간 중시적인 이타적 가치를 실현해야 함을 가르치고 있다.

그런데 사회적 현실을 보면, 사회복지사 등 돌봄 제공자들은 그들 나름대로 도덕적 가치를 간직하고 있다. 이들이 노고객과의 상호 관계에서 어떠한 도덕적 가치를 발현하느냐에 따라 제공하는 돌봄 서비스의 방법과 내용이 달라질 수 있다.

즉 제공자가 빗나간(비윤리적) 가치에 따라 고령자의 문제를 균일화하고, 개별화를 피하고, 정실 관계를 떠나 과도하게 기술 중심적이며 경제적으로 문제를 해소하기 위한 돌봄 서비스를 제공하는 경우가 발생할 수 있는 것이다.

이처럼 돌봄 서비스는 제공자의 가치관에 따라 조정되고 흔히 정당화되어 진다. 예로 제공자가 고령자보다 젊은 고객을 더 중요시한다면, 고령자를 위한 서비스에 투입되는 노력과 자원 그리고 이 서비스의 질과 양이 저하될 수 있다. 따라서 제공자인 사회복지사의 가치관은 고령자를 돌보는 데 매우 중요한 역할을 한다.

이러한 사실은 앞서 논한 Mayo, Likert 등 조직 연구자들이 개발한 인간관계론에서 밝혀진바, 인간 중시적으로 운영하는 조직의 장점을 상기시킨다.

이러한 인간 중시적 운영을 사회적 돌봄 조직인 요양원과 복지관이 바람직하게 하지 못한 실상이 드러났다. 즉 노고객과 제공자 간에 윤리적으로 인간 중시적 가치를 고양할 필요성이 드러난 것이다.

이러한 필요성을 감안하여, 요양원과 복지관의 관리자와 제공자는 돌봄 서비스를 앞서 제시한 윤리적 기준에 따라 인간화하는 데 많은 에너지를 투입해야 하겠다. 즉 인간 중시적인 돌봄 조직으로의 변화를 지향하여 내면화된 이타적인 가치를 발현해 나가야 하겠다.

제4부

::

전통, 변화 및 적응

1. 이어지는 전통과 새 시대의 목표

새 시대의 노부모·고령자가 필요로 하는 돌봄을 가족적 돌봄과 사회적 돌봄으로 나누어 각각의 사회문화적 특성, 실행 현황 및 유용성을 논의하였다. 특히 이 두 가지의 돌봄이 인간 중시적으로 제공되는 실상을 살펴보고, 이들이 상호 연계, 종합될 필요가 있음을 확인하였다.

부모 돌봄의 실제 사례들을 경험적 자료를 바탕으로 살펴본 결과, 성년, 청년 및 소년이 대체로 노부모에게 정서적 및 수단적 돌봄을 자율적으로 존중·애정·측은지심을 발현하며 제공하고 있음이 시사되었다.

퇴계를 포함한 거유(巨儒)들이 중시한 효의 으뜸가는 표현 — 부모 존중 — 이 부자유친(父子有親, 부모 자녀 간 친밀한 관계)을 이루면서 실행되고 있다. 특히 퇴계가 권장한 효(孝)와 자(慈)의 원리에 따른 부모 자녀 간 호혜적 돌봄이 이루어지고 있음이 밝혀졌다. 이러한 매우 바람직한 실상은 경로 효친(敬老孝親)이 실행되고 있음을 알려 준다.

이런 노부모·고령자 돌봄은 우리의 인간 중시적인 문화적 맥락에서 실행되는 도덕적이고 윤리적인 행동임이 분명하다.

이와 같이 전통적 가치가 발현되고 있지만, 그 표현 방식은 수정, 변화되고 있다. 이 변화는 새 세대가 노부모·고령자 돌보는 데 있어 시대적 변동에 적응하고 있음을 시사한다.

인간 중시적 돌봄은 가족 중심적 돌봄 집단이 실행하고 있다. 이 집단은 노부모·고령자를 인간 중시적으로 돌보는 데 사회적 돌봄보다 앞서며, 더 많은 돌봄을 노부모에게 제공한다. 그리고 모든 사회적 돌봄 조직은 이 가족적 돌봄 집단의 참여가 없이는 운영이 불가능하다. 따라서 가족적 돌봄은 나라의 복지 제도를 운용하는 데 필요 불가결한 존재가 된다고 본다.

하지만 가족 중심적 돌봄은 새 시대의 노부모·고령자가 필요로 하는 사회심리적 및 보건의료적 돌봄을 전문적 기술, 시설 및 인력을 갖추어 제공하는 데 역부족이다. 이러한 문제를 해소하기 위해 가족 바깥에서 제공되는 전문적인 사회적 돌봄을 효과적으로 활용해 나가야 한다.

한편 국가는 재정적 제약에도 불구하고 고령자를 위한 사회적 돌봄을 경로 효친(敬老孝親)을 여행하는 법제도 하에 사회적 돌봄 시설을 통해 제공하고 있다. 퇴계가 호소한 환과독고(鰥寡獨孤, 늙어서 아내 없는 자, 늙어서 남편 없는 자, 늙어서 아들 없는 생활이 어려운 고령자들 등)를 위한 사회적 돌봄이 각 지역에서 제공되고 있다.

그런데 이 돌봄은 경제적 실적을 중시하여 균일화된 돌봄 서비스를 비정실적인 방식으로 제공하는 경향이 있음이 드러났다. 돌봄 서비스 인력을 늘려 개별화를 높이고, 서비스의 질을 높여 인간 중시적 돌봄으로 전환할 필요가 있다.

이처럼 양자 간 차이점이 있으나 위의 일련의 사실이 시사하는 바와 같이 가족과 국가는 대체로 인간 중시적 가치와 경로 효친의 준칙에 따라 노부모·고령자 돌봄을 끈질기게 노력해 나아가고 있다고 본다.

공동의 목표

사회적 돌봄의 주목표는 노부모·고령자와 가족의 자체 돌봄 기능을 증진해서 이분들의 복지를 증진토록 하는 것이다. 한편 가족 중심 돌봄의 주목표도 역시 이분들의 기초적 욕구를 충족하면서 자체 돌봄 능력을 증진하여 복지를 증진토록 하는 데 있다. 이처럼 양자는 공동의 목표 ― 노부모·고령자의 복지 증진 ― 을 지향하고 있다.

이 두 가지의 돌봄을 연계해서 종합하면 각자의 제한점을 보완함은 물론 가족의 돌봄 역할을 훼손하지 않으면서 국가에 과중한 재정적 부담을 끼치지 않고 노부모·고령자에게 좀 더 종합적인 돌봄을 제공할 수 있다고 본다.

이 두 가지 돌봄을 연계, 종합할 필요성과 방안에 대해서 아래에 논의하고자 한다.

2. 인간 중시적 돌봄의 실행

한국인은 노부모·고령자를 애정과 존중으로 돌보는 효의 가치를 오랜 세월에 걸쳐 발현해 오고 있다. 이 가치는 전술한 바와 같이 홍익인간 사상에서 발원하여 불교와 유교를 거쳐 동학과 기독교에 이르는, 인간을 중시하는 줄기찬 사상적 맥락에서 발현되고 있다.

하지만 가족 중심적 돌봄과 사회적 돌봄을 실행하는 과정에서 인간 중시적 가치를 발현하는 데 양자 간에 차이가 있음이 드러났다. 가족적 돌봄이 더 인간 중시적 성향을 보이며 사회적 돌봄은 이에 비해 덜 인간주의적 성향을 보인다.

따라서 사회적 돌봄의 인간화가 중요한 과제로 드러난다. 즉 경로효친을 지령하는 법으로 규정된 (타율적으로 행하는) 사회적 돌봄을 인간 중시적으로 실행해야 할 과제를 안고 있다. 이 과제를 풀기 위해 사회적 조직(시설)과 제공자는 돌봄 서비스를 '인간화'하는 데 더 많은 에너지를 투입해야 함을 이 책에서 거듭 지적하였다.

3. 가족적 돌봄과 사회적 돌봄

두 가지 돌봄의 상호 연계

위와 같이 사회적 돌봄과 가족적 돌봄은 실행상 어려움이 있으나 연계, 종합할 필요성이 커지고 있다. 앞서 지적했듯이 이 두 가지 돌봄을 연계해서 활용하면 각자의 제한점을 보완함과 아울러 가족의 돌봄 역할을 빼앗지 않으면서 국가에 과중한 재정적 부담을 끼치지 않고 노부모ㆍ고령자를 돌볼 수 있다고 본다(Litwak, 1985; 한경해, 1998; 성규탁, 2019).

선진 복지국가는 국가의 사회보장제도만으로는 국민의 늘어나는 복지 욕구를 충족하기 어려워져 가족이 자체 성원들을 최대한으로 지원함으로써 재정적으로 어려워진 국가를 도와야 한다고 호소하고 있다. 국가만이 개개 시민의 복리를 다 충족할 수 없으며, 개인과 국가가 함께 힘을 합쳐 사회복지를 이룩해 나가야 한다는 것이다. 이러한 맥락에서 개인과 가족이 자체 돌봄 능력을 증대해서 국가의 부담을 줄여줄 책임이 있음을 공론화하고 있다.

이러한 실상을 보아 우리의 사회복지 제도를 운용하는 데에도 가족 중심적 돌봄이 커다란 역할을 할 수 있음을 다시 한번 인식해야 하겠다.

앞으로 한국도 선진 복지국가의 경우와 같이 두 가지 방향으로 노부모·고령자 돌봄을 해나가야 할 것으로 본다. 즉, 가족 자체의 (사적) 노력과 국가의 (공적) 노력이 통합되어 노부모·고령자를 위한 포괄적인 사회복지 돌봄 체제를 이룩하는 것이다.

위와 같은 접근과 맥을 같이 하는 방법으로서 앞서 논급한 E. Litwak(1985)의 가족 자체의 돌봄 서비스와 가족 외부의 돌봄 서비스를 결합하는 방법을 들 수 있다. 즉 두 가지 돌봄을 연계해서 상호 보완적으로 활용함으로써 가족의 부양 능력을 증진함과 동시에 국가의 재정 부담을 줄이면서 노부모·고령자를 포함한 의존적인 가족원들을 돌보는 것이다.

두 가지의 돌봄을 종합하는 주목적은 노부모·고령자를 위한 돌봄을 보완, 증진하는 데 있다. 이분들은 두 가지의 돌봄 서비스를 모두 필요로 하기 때문이다.

제2부와 제3부에서 이 두 가지의 돌봄이 제공된 실례를 살펴보았다. 이 실례에서 드러난 돌봄 서비스의 실행 상황을 다음과 같이 요약할 수 있다.

1) 가족적 돌봄의 실황

어린이(초등학생), 청년(대학생), 성인 자녀(효행자)가 가족 중심으로 존중, 애정, 측은지심으로써 면 대 면(개별적)으로 노부모에게 정서적 및 수단적 돌봄 서비스를 일상생활에서 제공함

가족구성원들이 일상생활에서 습득한 경험을 바탕으로 노부모에게 존중, 애정, 측은지심으로써 친밀한 감정적 유대감을 가지며 수단적인 식사, 의복, 세탁, 목욕, 휴식, 보호 등 일상적인 잡다한 돌봄을 제공하였다.

제2부에서 제시한 아래 네 가지의 가족적 돌봄의 사례들에서 이와 같은 인간 중시적 돌봄 서비스가 제공되었음이 드러났다.

① 성인 자녀(효행자들)의 노부모 돌봄
② 청년(대학생들)의 부모에 대한 존경
③ 아동(초등학생들)의 부모에 대한 감사
④ 노부모를 위한 가사 정리

위의 네 가지 노부모 돌봄의 실례에서 공통으로 나타난 것은 부모에 대한 존중, 즉 대표적인 인간 중시적 가치이다. 성인 자녀의 효행에서 제일 중요시된 것이 바로 부모 존중이고, 청년(대학생들)도 부모를 존중하였으며, 아동(초등학생들)도 부모에게 감사(존중의 초보적 표현)하고 있음이 드러났다. 노부모에 대한 존중은 형제간 우애와 이웃 고령자를 위한 돌봄으로 확장되었다.

이처럼 생의 과정을 통하여 노부모·고령자를 위한 가족적 돌봄이 이루어졌다.

2) 사회적 돌봄의 실황

가족 바깥의 전문인이 돌봄 시설을 갖추어 다수의 고령자에게 기

술 중심적 돌봄 서비스(상담, 치유, 교정, 재활, 예방, 요양 등)를 균
일화하여 효율적으로 제공함

가족이 하기 어려운 여러 유형의 돌봄 서비스를 사회적 돌봄 조직
들이 전달하는 상황을 살펴보았다. 사회적 돌봄 서비스는 전문적 교
육과 훈련을 받은 서비스 제공자가 기술, 장비, 시설을 갖추어 제공한
다. 고령자가 필요로 하는 사회복지와 의료보호를 위한 다양한 가족
바깥의 돌봄 서비스이다. 이러한 사회적 돌봄을 노인복지 사업의 대
표적 실행자인 노인요양원과 노인복지관의 보기를 들어 알아보았다.

노인요양원은 자립하기 어려운 병약한 고령자에게 24시간 보호,
급식, 간병, 물리치료, 신체 활동 등 일상생활에 필요한 돌봄 서비스
를 제공한다. 한편 노인복지관은 사회교육, 상담, 주간 보호, 건강 증
진, 여가 활동 등을 위한 돌봄 서비스를 건강한 고령자에게 제공한다.

이와 같은 사회적 돌봄을 제공하는 조직들은 공통적으로 고령의
입원자 또는 이용자의 개인적 욕구를 개별화해서 충족하는 데 역부
족이고, 이분들을 정실 관계를 떠나 단순한 케어 대상자로 다루는
경우가 흔히 있다. 그리고 여러 돌봄 서비스가 균일화되어 개개인의
선택권과 자율성을 보장하는 데 어려움이 있다. 이런 맥락에서 이분
들을 변화, 개발될 수 있는 주체로 보지 않는 경우가 많다.

서비스를 균일화 및 비개별화함으로써 효율적(경제적)으로 운영
되고 있지만, 균일화되지 않은 돌봄 서비스는 제공하지 않는 경우가
많다. 이런 사례는 사회복지 부문에서 올바르지 못한 돌봄 서비스로
서 '부당한 돌봄'(disservice)이라고 부른다. 이러한 문제들은 돌봄
서비스의 인간화, 인간 중시적 실행이 필요함을 지적하고 있다.

이런 문제를 해소하기 위해서는 돌봄 인력을 증강해서 돌봄 서비스를 개별화하여 균일화를 낮추고, 제공자와 노입원자 간의 관계를 정실화해서 인간화된 전달 방식으로 수정해야 한다고 본다.

대체로 사회적 돌봄 조직들이 잘하는 것은 예측 가능한 문제들을 문서화된 규칙에 따라 효율적(경제적)으로 해소하며 돌봄 서비스를 기술적으로 다수 고령자에게 제공하는 것이다. 그리고 이들이 바람직하게 하지 못하는 것은 면 대 면의 개별적 접촉/접근을 통해 인간 중시적으로 돌보는 것이라고 요약할 수 있다.

이들은 특히 돌봄의 가치적 측면에 많은 에너지를 투입해야 하겠다. 즉 인간 중시적인 돌봄 조직으로서 고령자를 존중하며 정으로 돌보는 내면화된 이타적인 가치를 간직하는 것이다.

다음 고령자가 가장 자주 찾는 병원을 활용하는 방법과 사회적 문제로 대두한 고령자의 퇴원 후 돌봄에 대해서 상담, 안내, 지도, 의뢰 등 사회적 돌봄 서비스를 애정과 존중으로 제공하는 데 대해서 해설하였다.

다시 한번 가족적 돌봄이 사회적 돌봄보다 나은 점(유효성)을 다음과 같이 요약해 본다.

① 인간적 정으로 함
② 자주적이며 자율적임
③ 면 대 면의 개별적임
④ 우발적 문제를 다룸

그리고 사회적 돌봄이 가족적 돌봄과 다른 점으로서 아래를 들 수 있다.

① 기술 중심적인 돌봄

② 다수를 위한 돌봄

③ 돌봄 기준에 따른 타율적인 돌봄

④ 합리적이고 효율적인 돌봄

이렇게 구별해 봄으로써 각자의 유용성과 특성을 알 수 있고, 아울러 양자의 유용성을 연계함으로써 좀 더 종합적이고 바람직한 돌봄 서비스를 제공할 수 있다고 본다.

4. 연계의 사례

지역사회 돌봄(커뮤니티 케어)

다음에 사회적 돌봄과 가족적 돌봄이 연계되어 종합적 돌봄을 제공하는 커뮤니티 케어(지역사회 돌봄, Community Care)(이하 CC)에 대해서 살펴보고자 한다(『복지저널』, 2018.5, 제117호; 2018.10, 제122호).

CC의 특성은 노고객과 제공자 간에 따뜻한 인간관계가 이루어지는 것이다. 인간 중시적 가치가 CC 센터 안으로 녹아들어 가족적 돌봄 집단의 노수혜자와 사회적 돌봄 조직의 제공자가 인간적인 정 ─ 애정과 존중 ─ 으로 상호 관계를 이루며 돌봄 서비스를 제공하는 것이다.

CC의 주목적은 돌봄이 필요한 고령자를 포함한 어린이, 장애인 등 사회적 약자가 집에서 가까운 이웃·지역사회 내 소규모 시설(중간 시설)에서 치유, 요양, 재활 및 사회복지를 위한 서비스를 받을 수 있게 하고, 요양원, 병원 등과 같은 사회적 시설에서는 이웃·지역사회에서 받을 수 없는 돌봄 서비스를 받도록 하는 데 있다. 그리고는 이런 시설에서 (퇴원 후 갈 곳이 없어) 필요 없이 오래 머물지 않고 적기에 탈시설(脫施設)하여, 위와 같은 집과 가까운 낯익은 곳에서 필요한 돌봄을 받도록 하는 꾸밈이다.

CC 체계하의 소규모 다기능형 중간 시설에서는 고령자가 통원, 방문 또는 숙박하면서 돌봄을 자유롭게 받을 수 있다. 입소자 개개인의 욕구에 맞추어 돌봄을 꾸며 나가며 재활과 자립을 돕는다. CC에서는 시설이 정한 규정에 수용자를 맞추는 식이 아니라 수용자의 개인적 상태와 생활 상황을 파악해서 그의 욕구에 맞추어 신축성 있게 대응해 나간다.

앞으로 가족적 돌봄 집단과 사회적 돌봄 조직이 제공하는 두 가지 돌봄이 연계되어 위와 같은 특성의 CC가 개발되어 나갈 것으로 본다.

CC 체계를 운용하는 데 필요한 요원이 '돌봄 담당자'이다. 국내에서도 그렇게 되겠지만 외국에서는 이 요원은 사회복지사로 되어 있다. 사회복지사는 지역 내 독거 고령자와 고령 환자의 어려움을 파악하고, 상담을 해주며, 지역의 돌봄 자원을 동원하여 돌봄이 필요한 고령자와 연결해 준다. 고령자의 가족생활 실태를 파악하여 필요한 사회복지 서비스와 개호 돌봄을 두루 연계해서 제공하는 역할을 한다. 개호 돌봄을 받지 않는 고령자들도 수시로 방문하여 생활 실태를 파악해 나간다. 고령자의 요청이 있든 없든 고령자의 집을 찾아간다. 정기적인 방문이 필요할 때는 사회복지사, 방문간호사, 요양보호사, 자원봉사자 등과 협력해 나간다.

앞으로 이 발전적인 종합적 돌봄 서비스가 전국으로 확산, 활용되기를 바란다.

5. 사회복지사의 연계 역할

사회복지사는 위의 CC와 같이 사회적 돌봄과 가족적 돌봄을 연계하는 역할도 한다. 이 두 가지 돌봄을 제공하는 가족 중심 돌봄 집단과 사회적 돌봄 조직 간의 소통과 교류를 촉진하고, 아울러 양측이 간직하는 돌봄에 관한 가치와 규범을 서로 이해하도록 하며, 돌봄에 관한 지식과 정보를 교환하고, 고령자의 욕구와 사회적 돌봄 조직의 정책과 돌봄 방법을 상호 이해, 조화되도록 한다. 이렇게 함으로써 양편의 공동 목표인 노부모·고령자의 복지를 좀 더 바람직하게 증진하는 데 기여한다.

구체적으로 사회복지사는 다음과 같은 방법으로 이러한 상호 연계 및 보완을 촉진할 수 있다. 다수 사회적 돌봄 집단은 이런 활동을 이미 실행하고 있다.

연계를 위한 사회복지사의 활동

사회복지사는 사회적 돌봄 조직과 소관 지역 내 가족 중심적 집단 간의 소통과 신뢰 관계를 개발하고, 고령자 돌봄과 관련된 이 조직들의 가치와 규범, 그리고 사회적 돌봄 서비스의 내용과 방법을 가족 중심 집단 성원들의 기대 및 욕구와 조화되도록 한다.

사회적 돌봄이 필요한 고령자들, 특히 소외되고 위험 집단에 속하는 고령자들에게 침투하여 사회적 돌봄 조직의 돌봄 서비스에 관한 정보와 지식을 전달, 이해시키는 한편, 이분들의 어려운 사정과 요구사항을 사회적 돌봄 조직 당국에 전달한다.

이런 활동을 통해서 사회적 돌봄 조직의 강점인 치료 및 치유 중심의 돌봄을 가족 중심 돌봄 집단이 적정 시기에 편리하게 활용토록 하는 한편, 후자의 강점인 인간 중시적 돌봄을 더 발전적으로 실행하도록 권장, 지원할 수 있다. 양측의 장점을 균형 있게 연계해서 실현하도록 이끄는 것이다.

사회복지사는 다음 사항을 참조하여 이런 활동을 할 수 있다.

* 대상 지역사회의 문화와 가치를 이해한다
* 고령자와 친밀하고 존중하는 인간관계를 맺는다
* 개별화된 접촉을 하여 문제를 개인별로 파악한다
* 성인 자녀와 가까운 이웃도 접촉하여 노부모·고령자의 욕구를 파악한다
* 저소득 고령자를 위한 개별적 또는 집단적 돌봄 활동을 한다
* 사회적 돌봄 조직이 제공하는 돌봄 서비스를 설명해 준다
* 돌봄 서비스를 신청하는 절차와 접수처를 알려 준다
* 가족이 보유하는 자원(자조 능력, 경제력, 가족/친척/이웃의 지원 능력 등)을 파악한다
* 고령자에게는 사회적 돌봄과 함께 가족적 돌봄이 필요함을 가족과 돌봄이에게 설명한다. 즉, 정서적 돌봄(존경함, 사랑함, 마음을 편히 함, 관심을 가짐, 걱정을 들어 줌, 고독감을 해소함 등)과 수단적 돌봄(용돈 드림, 식사 시중, 건강 도움, 병간호, 가사 도움, 여가 활동 지원, 의료 지원, 교통편 제공 등)을 함께 제공하는 것이 이분들의 삶의 질을 높이고, 복지를 증진하는 데 매우 주요함을 설명, 강조한다
* 설명한 내용을 담은 인쇄물을 제공한다

* 사회적 돌봄 조직에 대한 비판적 의견도 귀담아듣는다

위와 같은 사항을 참조하여 가족적 돌봄 집단의 욕구를 사회적 돌봄 서비스를 개선하는 데 적용토록 하고, 전자가 인간 중시적 돌봄을 더욱 바람직하게 하도록 이끌고, 기술 중심적 돌봄 서비스가 필요한 고령자에게 의뢰 서비스를 제공하고, 이웃 고령자들도 돌보아 주도록 권장함으로써 양쪽의 돌봄 기능을 연계하는 데 기여할 수 있다.

이 모든 활동은 사회복지사가 지켜야 하는 인간 중시적 윤리강령을 준수하면서 수행되어야 한다.

6. 이어지는 전통과 새로운 접근

고령 인구가 늘어나 돌봄을 필요로 하는 고령자 수는 증가하고 있다. 게다가 많은 가족이 떨어져 살면서 돌보아야 하는 어려움을 겪고 있다. 이런 도전에도 불구하고 대다수 가족은 대안을 찾아 노부모를 돌보고 있다.

새 시대에 보편적으로 사용되는 대안으로서 부모의 핵가족, 아들의 핵가족, 딸의 핵가족, 친족의 핵가족이 서로 연계되어 지원망을 이루어 이 망 안에서 노부모를 돌보고 있다(성규탁, 2016). 또 흔히 활용되는 대안으로서 떨어져 사는 성인 자녀가 발전된 교통통신 수단을 활용하여 정기적으로 또는 수시로 노부모와 접촉하여 정서적 및 수단적 돌봄을 행함을 들 수 있다. 또 다른 방법으로는 제삼자(요양보호사, 간병인 등)를 고용하여 돌봄을 대행토록 하는 것이 있다.

이러한 돌봄 방법으로 노부모를 충분히 또는 올바르게 돌볼 수가 없을 때는 사회적 돌봄을 받게 된다. 즉, 자체의 힘만으로는 고령의 부모를 돌볼 수 없는 가족은 가족 바깥에서 제공하는 사회적 돌봄 서비스를 유료 또는 무료로 받게 되는 것이다.

이어지는 효의 가치

이렇게 노부모를 돌보는 방법이 달라지고 있으나 부모 돌봄에 대한 기본적인 가치(효)는 예나 지금이나 다를 바가 없다.

우리가 이어받은 오늘의 효가 전통적 효와 질적으로 다르다고 보아서는 안 되겠다. 효의 본질은 예나 지금이나 다를 바가 없다. 다만 그 표현하는 방식이 수정 내지 변화하고 있다. 새로운 시대적 맥락에서 효를 실행하는 방식을 조정 내지 수정하는 노력이 필요하게 된 것이다.

새 시대에는 노부모·고령자에 대한 존중 및 사랑과 민주주의적 사고와의 조화로운 협치가 필요하다고 본다. 모든 가족과 사회의 성원이 존엄성을 지키며 균등한 기회와 공평한 분배를 받아 각자의 뜻을 이루면서 서로 존중하고 사랑하는 공동체를 이룩해 나가야 한다.

사실 새 시대에는 노소 세대 간에 공평하게 서로를 존중하는 경향이 뚜렷해졌다. 이런 경향도 전통적 가르침에서 이미 지적되어 있다. 퇴계의 "부모는 자녀를 인자하게 돌보고 자녀는 부모에게 효를 한다"라는 가르침과 맹자의 "윗사람을 섬기는 것이나 아랫사람을 섬기는 것이나 그 귀중함이 같다"라는 말은 고령자와 젊은이는 모두 귀중하기에 인의 표현인 사랑, 존중 및 측은지심으로 공평하게 존중받아야 한다는 것이다.

이러한 방향으로 사람들의 관계가 권위주의적이고 남녀·장유 차별적인 패턴에서 공평하게 돌봄을 주고받는 호혜적 패턴으로 변화되어야 할 것이다. 이렇게 사회관계가 이루어질 때 개인, 가족 및 공동체가 화합을 이루어 안정된 삶을 영위할 수 있다고 본다.

이러한 방향으로 새 시대의 노부모·고령자 돌봄의 실천 방법을 연구, 개발하는 과제가 우리 앞에 놓여 있다. 이를 위해 보편성 있는 전통적 부모 돌봄의 가치 — 효 — 를 창의적으로 재해석함으로써 새 시대의 고령자 복지를 증진할 가능성이 있는 가치로 정립하여 이를 시대적 욕구에 알맞게 실천하는 노력이 필요하다고 본다.

퇴계가 가르친 효와 이를 실행하는 데 발현되어야 할 사랑, 존중, 측은지심 및 서(恕)의 가치와 아울러 홍익인간에서 발원한 인간 중시적 가치는 새 시대의 노부모·고령자 돌봄을 실행하는 데 불가결한 이념적 기틀을 갖추어 준다고 믿는다.

7. 유용한 사회서비스

노부모·고령자의 개인적 및 가족적 사정 때문에 사회적 돌봄이 바람직하게 이루어지지 못하는 사례들이 흔히 발생한다. 이런 사례들은 대개가 신체적, 심리적 및 사회적 문제를 가진 분들로서 문제가 복잡하며 심각한 경우가 많다. 특히 빈곤, 질병 및 신체장애는 개인 및 가족 차원에서 해결하기 어려운 사회심리적, 생활 환경적 및 경제적 문제와 연관되어 있다.

사회서비스는 노부모·고령자의 이런 문제들을 전문적인 돌봄 서비스 기법을 적용해서 치유, 해소할 수 있다. 이렇게 하여 고령자가 만족스럽고 바람직하게 생활하도록 잠재력을 길러 주고, 개인적 및 사회적 조건을 조정, 개선해 주어, 기초적 욕구를 충족도록 해서 복리를 누리도록 한다.

나아가 지역사회로 스며들어 독거 고령자의 생활 실태를 파악하여 상담해 주며, 지역 내 돌봄 자원을 동원하여 이분들과 연결해 주고, 이분들이 필요로 하는 사회서비스와 개호 돌봄을 연계해서 제공한다.

사회복지사는 면 대 면의 상담, 치유, 구호 등 서비스를 하지만, 돌봄 서비스를 제공하는 전문인과 시설로 연결해 주는 의뢰 서비스도 한다. 더욱이 가족적 돌봄과 사회적 돌봄을 연계하는 과업도 수행한다.

특히 일반적으로 돌봄의 개별화가 약한 사회적 돌봄을 개별화하는 데 기여한다. 따라서 사회적 돌봄을 바람직하게 실행토록 하는 마치 윤활유와 같은 유용한 역할을 한다.

사회서비스는 다음 절에 제시하는 윤리적 규정에 따라 정부와 비영리단체(NGO)의 지원으로 운영되는 다양한 사회복지 시설들에서 제공되고 있다.

8. 돌봄 서비스의 도덕성

앞서 논의한 요양원과 복지관에서 고령자를 돌보는 데 발생하는 일련의 단점들이 드러났다. 노고객과 제공자 간의 인간 중시적 가치를 고양할 필요성이 드러난 것이다. 이러한 필요성은 앞서 거론한 인간관계론이 밝힌바 돌봄 조직의 인간화(人間化)의 중요성을 다시 밝혀 강조해야 할 필요성을 제기한다.

사회복지 돌봄은 어려움에 부딪힌 사람을 인간 중시적으로 보살피는 도덕적 기틀 위에서 시작되고 발전되어 왔다. 이 돌봄 서비스가 진행되는 전 과정에서 노고객의 존엄성을 받드는 도덕적 가치를 결코 과소평가하는 잘못을 저지르면 안 된다.

인간적인 정이 없이 기술 중심의 돌봄 서비스만을 한다면, 어떻게 바람직한 돌봄을 실행할 수 있겠는가?

사람 돌봄은 원초적으로 도덕적인 행위이다(한국사회복지학회, 2015; Goldstein, 1998). 고객과 제공자 간의 도덕성을 받들면서 이루어지는 인간 중시적 노력이다. 제공자는 이러한 도덕적 가치를 발현함으로써 그의 존재의 사회적 타당성을 이룩할 수 있다. 바꾸어 말하면, 돌봄 서비스는 이러한 가치에 얽매여 있는 것이다.

모든 문화에서 사회복지는 인간 중시적 가치에 바탕을 두고 있다(Heady, 2002: 539). 우리의 사회적 돌봄 조직들도 우리가 이어받은 우리 고유의 인간 중시적 가치를 기틀로 노부모·고령자를 위한 도덕적인 돌봄 서비스를 개발, 전달해 나가야 하겠다.

사회사업가가 지키는 윤리적 준칙

위와 같은 도덕적인 사회복지 돌봄 서비스는 널리 숭앙받고, 바람직하며, 마땅한 가치를 바탕으로 정립된 윤리적 준칙에 따라 제공되어야 한다.

전술한 바와 같이 사회복지 돌봄 제공자가 지켜야 하는 다음과 같은 윤리적 준칙이 있다(한국사회복지사협회 윤리강령, 2008; Code of

Ethics, NASW, 2012). 이 준칙은 인간 중시적 가치에 부합된다고 본다.

* 고객을 존중한다(존엄성을 받든다)
* 고객의 자기결정을 존중한다
* 고객의 사적 비밀을 지킨다
* 고객을 사랑으로 대한다
* 고객을 측은지심(깊은 동정심)으로 돌본다
* 모든 고객에게 성(性), 사회적 계층 및 종교의 차이에 상관 없이 공평성이 깃들은 전문적 돌봄 서비스를 제공한다
* 고객에게 개입 방법 및 절차를 알려 준다
* 사회의 제도와 조직을 고객의 긍정적 변화를 이룩하도록 이끈다

퇴계의 다음과 같은 호소는 우리의 심금을 울리며, 우리가 사람을 돌보는 데 있어 지켜야 하는 사회윤리적 가치를 알려 준다.

돌봄이 필요한 사회적 약자인 개인, 집단, 공동체의 어른과 어린이 는 모두 나의 형제이며, 이들을 마치 나의 친족과 같이 사랑으로 돌보아야 한다(이황, 『성학십도』, 「인설」).

퇴계의 인에 대한 다음 정의를 보면 그의 이러한 가치적 호소에 담긴 깊은 이타적 동정심을 이해할 수 있다.

인의 마음은 따뜻하게 남을 사랑하고 모든 것을 이롭게 하는 마음이 며, 사심 없이 이타적인 측은한 마음이다(이황, 『성학십도』, 「인설」).

9. 맺는말

많은 가족은 자체적으로 노부모를 돌보지 못하여 가족 바깥의 사회적 돌봄 서비스를 필요로 한다(김영란, 황정임, 최진희, 김은경, 2016: 37).

정부는 의존적인 고령자를 포함한 사회적 약자를 돌보기 위해 수혜 범위가 한정된 복지 사업을 추진하고 있다. 가족 스스로 돌볼 수가 없거나 돌보기가 어려울 때 이러한 사회적 돌봄 서비스를 활용할 수 있다.

하지만 가족적 돌봄은 여전히 노부모 돌봄의 중심이다. 국가의 정책도 가족적 돌봄을 촉진하는 방향을 잡고 있는 것이 사실이다. 한국을 포함한 유교 문화권 나라들은 공통적으로 가족 복지 지향적인 정책을 실시하고 있다. 이런 접근은 가족의 고유한 사회적 위치와 기능을 중시하는 유교 문화권에서 일어나는 문화적 현상이라고 할 수 있다. 우리는 이런 문화적 성향을 시대적 필요에 따라 슬기롭게 조정해 나가야 한다고 본다.

전술한 바와 같이 앞으로 두 가지로 노부모·고령자를 위한 돌봄 활동의 방향을 잡아야 할 것이다. 하나는 효를 바탕으로 가족 중심의 자체 돌봄을 지속하는 것이고, 다른 하나는 자체 돌봄이 어려운 가족에게 국가·사회 주도의 사회적 돌봄을 제공하는 것이다. 즉, 가족 자체의 노력과 국가·사회의 지원이 연계되어 포괄적 돌봄 체제를 이룩하는 것이다.

새 시대에는 이와 같은 두 가지의 돌봄 기능을 종합 내지 협치할 필요성이 커지고 있다. 이 두 가지의 돌봄을 종합함으로써 가족의 자체 돌봄을 보완하는 동시에, 국가의 과중한 재정 부담을 줄일 수 있다고 보는 것이다.

가족은 정서적이며 인간 중시적인 돌봄을 개인별로 제공하는 데 강하나 전문적인 기술적 돌봄을 다수에게 제공하는 데는 가족 외부의 사회적 돌봄 제공자가 더 강하다. 이런 사실을 보아서도 두 가지 돌봄을 연계, 종합할 필요가 있다. 이렇게 종합함으로써 가족과 국가가 고령자 돌봄에 대한 책임을 서로 분담해서 수행토록 하는 데 기여할 수 있다고 본다.

유의해야 할 사항

두 가지의 돌봄이 공동의 책임을 수행할 때 다음과 같은 과제를 유의해야 한다고 본다.

가족적 돌봄의 과제

인간 중시적 가치를 발현하며 노부모·고령자에게 정서적 및 수단적 돌봄 서비스를 제공하는 가족적 돌봄의 필요 불가결함은 우리의 일상생활의 모든 분야에서 역력하게 드러나고 있다.

하지만 가족적 집단은 노부모·고령자가 필요로 하는 기술 중심적 돌봄 서비스를 제공하는 데 필요한 전문적 기술, 시설 및 인력을 갖추지 못한다. 그리고 다수의 고령자를 단시간에 돌보지 못한다. 이러한 제한에도 불구하고 가족적 돌봄 집단은 병약한 노부모·고령자를 비롯하여 장애인, 어린이 등 사회적 약자를 인간 중시적으로 돌보는 데 가장 중요한 역할을 한다.

더욱이 중요한 사실은 우리 문화에서는 가족적 돌봄의 '정'으로 이루어진 특성이 다른 문화에 비하여 더 드러난다는 점이다. 우리는 이러한 정문화(情文化) 안에서 노부모를 인간 중시적으로 존중하며 존엄성을 받들어 드릴 수 있다.

이러한 장점이 있는 가족적 돌봄 집단은 노부모가 전문적인 사회적 돌봄 서비스를 활용할 수 있도록 노력하는 한편, 특정한 기술적 돌봄 서비스 방법을 부분적으로나마 습득하여 가족 안에서 실행토록 노력하고, 기술적 돌봄 서비스 활용에 관한 정보, 수속 절차를 알아 두어야 한다. 그리고 가족은 국가와 함께 노부모를 돌볼 공동의 책임이 있음을 알아야 한다.

사회적 돌봄의 과제

사회적 돌봄 조직은 기술 중심적 방법으로 다수 고령자에게 돌봄 서비스를 제공한다. 이러한 돌봄 서비스의 수요는 앞으로 크게 증대할 것으로 본다. 그런데 이 조직이 바람직하게 하지 못하는 점을 요약하면, 인간 중시적인 정실로써 개별적으로 돌보는 것이다.

요양원과 복지관과 같은 사회적 돌봄 조직들은 인간 중시적 가치를 내면화하여 돌봄 서비스 과정에서 이 가치를 발현하는 데 더 많은 에너지를 투입해야 한다고 본다. 아울러 국가는 사회보장제도의 지속적 발전을 추진하면서 경로 효친 정책을 적극적으로 시행하여 사회적 돌봄을 개발, 확장해서 노부모·고령자의 복지를 증진할 책임을 수행해야 한다.

새로운 접근

복지국가가 안정적으로 발전하기 위해서는 다수의 사람이 보편적으로 받드는 가치에 이념적 기틀을 두어야 한다.

이러한 가치에 준거해서 노부모·고령자의 사회복지를 이룩하기 위한 제도와 정책을 수립하고, 나아가 사회복지 돌봄 서비스를 개발하는 것이 바람직하다고 본다. 우리가 부딪힌 가족적 돌봄 기능의 약화 등 사회문제의 해소도 한국 토양에서 생성한 효와 전통적인 인간 중시적 가치에 힘입어 이루어질 수 있다고 본다.

우리는 오늘의 효가 전통적 효와 질적으로 다르다고 보아서는 아니 되겠다. 효의 본질은 예나 지금이나 다를 바가 없다. 오늘의 효는 다만 그 표현하는 방식이 수정, 변화되고 있을 따름이다.

새로운 시대적 맥락에서 노부모·고령자 돌봄을 실행하는 방식을 조정 내지 수정하는 노력이 필요하다. 새 시대에는 노부모·고령자를 위한 가족적 및 사회적 돌봄과 민주주의적 사고와의 조화로운 협치가 필요하다고 본다. 모든 노부모·고령자가 존엄성을 지키면서 가족과 국가로부터 균등한 기회와 공평한 분배를 받으면서 서로 존중하고 사랑하는 공동체를 이룩해 나가야 한다.

새 시대에는 세대 간 서로 존중하며 돌보는 행동이 뚜렷해졌다. 이런 행동도 유인(孺人)들의 가르침에 이미 들어 있다. 퇴계의 "부모는 자녀를 인자하게 돌보고 자녀는 부모에게 효를 한다."라는 가르침과 맹자의 "윗사람을 섬기는 것이나 아랫사람을 섬기는 것이나 그 귀중함과 현명함이 같다."라는 말은 사람들은 노소를 막론하고 모두 귀중하기에 인의 표현인 사랑과 존중으로 공평하게 돌보아야 함을 가르치는 것이다.

이러한 목표를 지향하여 사람들의 관계가 권위주의적인 패턴에서 돌봄을 주고받는 호혜적 패턴으로 변화되어야 할 것이다. 이렇게 발전적으로 변하는 사회적 맥락에서 가족적 돌봄과 사회적 돌봄이 연계되어 협치가 이루어질 때 노부모·고령자 개개인, 가족 및 공동체는 화합을 이루어 종합적인 복지를 즐길 수 있다고 본다.

위와 같은 시대적 변화에 적응할 수 있는 노부모·고령자 돌봄의 실천 방법을 연구, 개발하는 과제가 우리 앞에 놓여 있다. 인간 중시적 돌봄 방식이 새 시대의 역동적인 사회 환경에서 실행되는 데 대한 연구조사를 폭넓게 진행해 나가야 하겠다.

[주: 유교적 가치를 재조명하는 노력이 이웃 중국에서 진행 중이다. 1970년대 말 이후 중국의 신유가(新儒家) 그룹이 유교의 사회적 확산 운동을 전개하고 있다. 특히 유교가 사회 안정과 경제 성장에 도움이 됨을 역설하고 있다. 이러한 움직임과 함께 효를 조명, 확산하는 국가·사회적 노력이 진행되고 있다. 우리는 사회주의 체제하의 중국에서 진행되는 이러한 변화를 주시하고 있다.]

가족이 노부모를 돌보는 힘은 어디에서 나오는가?

이 힘은 존중, 사랑, 측은지심으로 부모를 돌보려는 의지, 부모에 대한 책임감, 부모에 대한 보은 의식, 부모를 위해 자신의 에너지 일부를 바치려는 성심, 부모 중심으로 가족 화합을 이루려는 의지에서 발단되는 것으로 본다.

이런 의지가 바로 '효행 의지'이다(성규탁, 2005, 2016).

부모 돌봄(효)은 오랜 세월 동안 우리 겨레가 숭앙하며 실행해 온 전통적 가치이다. 이 가치는 세대 간의 태도와 행위의 윤리적 적합성을 판단하고 조율하는 기준으로 여전히 기능하고 있다.

우리는 전통사상과 현대사상이 공존하는 시대에 살고 있다. 현대화의 속도가 가정마다 다르고, 가정 내에서도 가족원마다 다를 수 있다. 그러나 한국인의 전통적 가치와 관행은 끈질기게 지속될 것으로 본다(신용하, 2004; 최재석, 1982; 이광규 외, 1996; 한경혜, 성미애, 진미정, 2014). 우리의 문화적 저항(文化的 抵抗)이 지속되고 있는 것이다.

우리의 노부모·고령자의 복지를 이룩하는 벅찬 과정은 진행 중이다. 이 과정에서 가족은 효의 가치를 새 시대의 사회 환경에 부합되는 가치로 정립하여 인간 중시적 돌봄을 지속하는 노력이 필요하다. 한편 정부와 NGO는 노인복지법에 준거하여 인간 중시적 가치에 기틀을 둔 사회적 돌봄을 발전적으로 실행해 나가야 한다.

가족적 돌봄과 사회적 돌봄이 협치의 묘를 이루어 새 시대의 노부모·고령자의 안녕과 복지를 증진하는 것이 이 책에서 추구하는 목적이다.

옛 관습을 피동적으로 수렴하고 완고한 격식에 무조건 순응하는 식으로는 새 시대의 노부모·고령자 돌봄 서비스의 효과적인 변화를 이룩하기가 어렵다. 이 돌봄 서비스를 새로운 생활 방식에 맞게 실행해 나가는 한편, 국가·사회의 사회보장 및 복지 사업을 지속해서 개발하고 가족적 돌봄과 사회적 돌봄을 함께 지원하는 사회복지 체계로 발전시켜 나가야 하겠다.

민족마다 독자적인 문화적 가치를 간직하고 있다. 우리도 고유한 인간을 중시하는 선현의 가르침과 전통적 가치를 보존하고 있다. 이 가르침과 가치에 부합하여 삶의 질을 높이면서 보람 있게 생활할 수 있도록 좀 더 인간 중시적인 돌봄 서비스를 개발, 전달하는 데 목표를 두어야 하겠다. 가족 중심적 돌봄과 국가 주도의 돌봄이 연계되어 협치를 이룰 때 이러한 목표에 더 바람직하게 접근할 수 있다고 믿는다.

이러한 바람직한 접근과 아울러 퇴계가 경(敬)을 이룩하는 요건으로 제시한, "참되고 건전한 윤리적 인간 사회를 이룩하는 데 요구되는 자율적인 공동체 의식"을 발현해 나가야 하겠다.

역사적으로 발전한 사회는 어김없이 지난날의 역사에서 진리를 찾고 교훈을 얻어내어 새로운 목표를 추구해 나간 것으로 안다.

끝으로 다음과 같은 주제에 대한 조사 연구가 이루어지기를 바란다.
> * 가족적 돌봄과 사회적 돌봄이 고령자 복지에 미치는 효과
> * 가족적 돌봄과 사회적 돌봄을 촉진하는 요인과 저해하는 요인
> * 가족적 돌봄과 사회적 돌봄을 연계, 협치하는 방안
> * 효의 가치가 가족 중심적 돌봄에 미치는 영향
> * 국가의 경로 효친 정책이 사회적 및 가족적 돌봄에 미치는 영양
> * 두 가지 돌봄이 바람직하게 연계, 협치된 사례 발굴
> * 두 가지 돌봄의 협치에 관한 국제적인 비교문화적 연구

부록

부록

[부록 I] 부모의 자녀 돌봄: 실제

부모의 자녀 돌봄은 어린 사람, 자녀를 사랑으로 돌보는 자유(慈幼)에 해당된다.

퇴계가 서명(『성학십도』)에서 논구한 천지의 어린이를 어린이로 대하는 도리에 해당하는 것이다.

이 세상의 모든 일 가운데서 부모가 자녀에게 베푸는 돌봄만큼 큰 것은 없다(『효경』,「개종명의장」). 성인 자녀는 이런 특수한 돌봄을 받음으로써 입은바 막중한 은혜에 감사하며 이를 갚으려고 효행을 하는 것이다.

그러면 부모가 자녀에게 베푸는 은혜는 어떠한 것인가?

이 은혜는 다음 두 가지로 나눌 수 있다.

첫째, 나를 낳아 주신 은혜(생산의 은혜)
둘째, 나를 키워 주신 은혜(양육의 은혜)

부모가 자녀를 낳아 주시고(생산) 키워 주신(양육) 한없이 크고 깊은 은혜이다. 이 특수한 은혜를 『명심보감』(明心寶鑑)은 다음과 같이 애절하게 표현해 놓았다.

> 아버지, 어머니 나를 낳으시고 기르시니 슬프도다. 아버지 어머니 나를 위하여 애쓰시고 수고하셨도다. 그 은덕을 갚고자 하는데 그 은혜가 하늘같이 다함이 없어 갚을 바를 알지 못하도다.

불교에서도 부모에 대한 효를 만 가지 착한 행동의 첫째임을 강조하여, 『부모은중경』(父母恩重經), 「삼세인과경」 720에 다음과 같은 부모 은혜에 관한 널리 알려진 구절을 수록해 놓았다.

깊고 무거운 부모님의 크신 은혜
베푸신 큰 사랑 잠시도 그칠 새 없네
어머님 연세 백 세가 되어도
팔십된 자식을 항상 걱정하시네
부모님의 이 사랑 언제 끊어지리이까
이 목숨 다할 때까지 미치오리

부모가 자녀에게 베푸는 은혜(돌봄, 도움, 혜택)는 여러 가지가 있다. 이 장에서는 3가지의 보기를 들어 보고자 한다. 이 보기들은 부모가 자녀에게 베푸는 특수한 은혜로서 동아시아 문화권에서 널리 알려져 온 보편적인 사실을 담고 있다.

[보기 1] 출산과 영아기 양육
[보기 2] 아동기의 도덕성 함양
[보기 3] 성장 과정의 양육

[보기 1] 출산과 영아기 양육

자녀가 태어나서 자라나기 시작하는 초기, 주로 애착기가 시작되는 때에 부모로부터 받는 은혜이다.

우리 문화에서 애독되는 속담집과 문예 작품에서 자주 오르내리는 이야기가 바로 부모로부터 받는 은혜에 관한 것이다.

부모 은혜를 가장 극적으로 애절하게 표현한 것이 불교의 『부모은중경』(父母恩重經)에 수록된 어머니가 아기에게 베푼 10가지 이야기라고 본다. 즉, 어머니가 아기를 출산하기 전과 후에 베푼 말로다 표현할 수 없는 막중한 은혜에 관한 이야기이다.

어머니가 자녀를 낳고 키우는 데 바친 크고 깊은 희생과 고통에 대한 감사와 존경심을 모든 사람이 가지도록 가르치는 내용이다. 이이야기들을 요약하면 다음과 같은 10가지 사연이 된다.

어머니께서,
① 10개월간 신체적으로 어려움을 겪으면서 잉태한 태아를 뱃속에 지켜 주신 은혜
② 아이를 낳으실 때의 고생, 즉, 뼈가 산산조각이 날 정도의 고통을 받으신 은혜
③ 태어난 아이의 울음소리를 들으시고 모든 고생과 근심을 홀연히 잊어버리시는 데 대한 은혜
④ 쓰고 맛이 없는 것은 자신이 먹고, 달고 맛이 있는 것은 아이에게 주신 은혜
⑤ 많은 양의 젖을 먹여 주시며 키워 주신 은혜
⑥ 아이가 대소변을 싸서 이불을 적시면 마른 데로 아이를 돌리고자신은 젖은 곳에서 자신 은혜
⑦ 아이의 대소변을 씻어도 더러운 냄새를 싫어하지 않으신 은혜
⑧ 자식을 위해 할 수 있다면 스스로 악업을 만들어 지옥에 떨어지는 것도 사양치 않으시는 은혜
⑨ 아이와 떨어져 있을 때 밤낮으로 걱정해 주신 은혜
⑩ 평생 자신의 몸을 바꾸어서라도 자식을 보호하려고 하시는 은혜

위의 열 가지 이야기와 같이 어머니가 아기를 잉태하여 출산할 때 겪는 심신의 고뇌와 희생은 이루 다 형용할 수 없을 뿐만 아니라 출산 후에도 오로지 자식의 편의와 안전을 위해 자신의 몸을 희생하는 것을 볼 때 그 은혜야말로 땅보다 무겁고 바다보다 깊다고 할 수 있다.

불교에서는 아버지의 은혜를 어머니의 이러한 은혜와 대등하게 보고 있다.

부모는 오직 자녀의 안녕과 복리를 위해 조건 없이 그러한 은혜를 베풀어 주신다. 무엇보다도 부모는 은혜를 돌려받을 기대를 하고 베풀지 않은 것이다.

자기들의 안락과 편의를 위해 쓰여야 할 에너지를 대가를 바라지 않고 자녀에게 바친다. 즉, 자녀를 위해서 자기들을 희생한다. 자녀는 그들에게 가장 귀중한 존재이기 때문이다. 자녀는 몸이 다를 뿐 그들 자신과 같다고 믿는다.

부모와 자녀 사이에는 이처럼 깊고 막중한 사랑과 존중 그리고 측은지심으로 이루어지는 돌봄 관계가 자연적, 필연적으로 발생하여 지속한다.

효의 시작은 부모가 그러한 고통을 받으시며 낳아 주신 신체와 머리털 및 피부를 상하게 하지 않는 것이다(『효경』, 2장 3절).

이 세상에서 가장 귀중한 몸을 제공해 주신 부모는 항상 마음속 깊이 자녀가 병이 없이 오래 살기를 염원한다(『논어』, 「위정」 6). 이런 간절한 소원은 오직 부모만이 가질 수 있는 한없이 깊고 두터운 정이다. 부모의 자식에 대한 진정한 측은지심의 발로이다.

부모는 자녀에게 몸을 남겨 주었을 뿐만 아니라 그들에게 극진한 사랑으로 음식, 의복, 주거, 교육, 보건 등 유아로부터 성인으로 자라

는 데 필요한 온갖 종류의 물질적 및 비물질적 돌봄을 제공해 나간
다. 대다수 부모는 자기들의 안락과 노후 생활을 위한 자원을 자녀
양육을 위해 희생적으로 바친다. 자녀가 영아기를 지나 성장한 뒤에
도 돌봄을 계속하다가 세상을 떠난다.

부모의 자녀에 대한 사랑, 존중, 측은지심은 인간 세상에서 볼 수
있는 극치의 정이라고 할 수 있다.

[보기 2] 아동기의 도덕성 함양

부모가 자녀를 길러 준 은혜의 매우 중요한 부분은 자녀가 태어나
서 자라나기 시작할 때부터 이들의 도덕성(사회적 관습에 따라 마땅
히 지켜야 하는 행동하는 성품)을 길러 주는 역할을 하는 것이다.

퇴계가 서명(『성학십도』)에서 영재(英才)를 길러서 연고숙(춘추시
대의 효자)와 같은 효성스러운 무리(類)를 이루게 한다는 가르침과
연계된 도덕성 함양과 관련된 것이다.

우리나라 부모는 자녀의 도덕성 발달에 가장 커다란 영향을 미친
다(이연숙, 2011; 김경희, 2003). 특히 어머니가 이런 발달에 주요한
역할을 한다(임진영, 2003; 심미옥, 2003).

한국의 인성교육진흥법의 핵심은 도덕적인 인간관계이다. 개인,
가족, 이웃 및 공동체 성원들과의 사회적으로 올바르고 바람직한 관
계를 원만하게 이룩하도록 사람의 성품(人性)을 함양하는 데 중심을
두고 있다.

퇴계가 제시한 효-제-공의 실행을 지향하는 교육이다. 이 교육에
서는 무엇보다도 부모 역할을 중요시한다. 가정을 중심으로 이루어

지는 부모 자녀 관계는 아동의 경우 이들의 성장(신체적, 정서적, 언어적, 인지적 및 사회적 성장)의 및 바탕이 되어 이들의 자신과 타인에 대한 지각을 발달시키고, 나아가 사회에 올바르게 적응할 수 있는 가치관과 사회적 기술을 습득하도록 이끌게 된다.

한편, 부모도 아동 양육을 통해서 아동의 생명체를 보호, 양육하는 경험을 하고, 아동이 자신들의 생명을 연장해 주는 데 대해 만족하며, 자신들의 부모로서의 인격을 도야하는 기회를 가질 수 있다. 즉, 부모 자녀 간에 긍정적 영향을 주고받는 호혜적 관계가 이루어지는 것이다.

이러한 과정이 진행되는 상황을 살펴보고자 한다. 과거에는 아동은 가정에서 조부님과 집안 어른으로부터 『천자문』(千字文)과 『동몽선습』(童蒙先習)을 배우면서 사람이 마땅히 지켜야 하는 도리(예, 禮)를 중심으로 한 도덕적 관습을 학습하기 시작했다. 우리의 전통문화는 예를 중시하는 전통이 있어 이런 도덕적 관습을 어릴 때부터 익혀 나가도록 한 것이다.

유교경전(儒敎經典)은 주로 성인의 도덕성 개발에 중심을 두고 있다. 그러나 주목할 사실은 경전은 도덕성 개발은 어릴 때부터 시작해야 함을 함축적으로 가르치고 있다는 점이다.

부모와 아동은 경장자유(敬長慈幼)가 뜻하는 바와 같이 서로 존중하며 사랑하는 도덕적 규범을 지켜 나간다. 아동을 위한 도덕교육은 이처럼 부모 자녀 간의 사랑하고 존중하는 관계에서 이루어진다. 이 교육은 생의 초기 — 인습 이전(전인습) — 시기부터 시작된다. 양질의 사회를 구축하기 위해서는 아동이 발육을 시작하는 때부터 도덕성 개발을 해야 하는 것이다.

부모는 아동의 자기조절능력이 발달하지 못한 전인습 단계 때부터 자기들 품 안에서 도덕적 판단과 욕구 충족의 기준을 세워 나가도록 칭찬하고, 타이르고, 벌을 줌으로써 이끌어 나가기 시작한다(임진영, 2003; 김경희, 2003).

이렇게 이끌어진 아동은 부모에게 감사하고 부모를 존중하게 되며, 부모 돌봄, 즉 효를 하는 마음의 싹을 품기 시작한다(이희경, 2010; 김인자 외, 2008).

이어 가정의 역을 넘어 학교에 들어가서 사회관계를 맺는 단계에 이르면 아동은 도덕성을 개발하기 시작한다(김인자 외, 2008). 친구들과 좋은 관계를 맺고, 착한 아이가 되려 하며, 부모와 선생, 도움을 주는 친구에게 "고맙다."라는 말을 하게 된다.

점차 법과 질서를 따르게 되고 역할과 책임을 수행하게 된다. 자신의 감정과 욕구를 조절하고, 다른 사람의 감정에 공감하며, 다른 사람의 욕구를 충족해 주기도 한다. 즉 넓은 사회로 나가기 전에 이런 친사회적이고 도덕적인 행위를 경험하고 배우는 것이다(이희경, 2010; 김인자 외, 2008).

학교라는 소사회를 거쳐 보다 넓은 사회의 일원이 되면, 사회공동체의 법과 규칙을 배워 준수하게 된다. 다른 사람들과 함께 살기 위해서 사회생활을 하는 과정에서 비롯된 약속을 지키게 된다. 자기도 소중히 여기지만, 남도 소중히 대하는 사람 존중의 마음, 함께 사는 공동사회를 소중히 여기는 마음을 간직하게 된다(교육과학기술부, 2011-361호).

나 개인, 내 가족을 넘어서 공동체의 뭇사람들과 조화롭게 살면서 도덕적인 규범을 지키면서 살아가는 바탕을 조성하게 되는 것이다.

부모는 이와 같이 아동이 성장하는 전 과정을 통하여 사심(私心)과 대가 없이 시간과 에너지를 투입하면서 이들의 도덕성 함양을 위해 격려, 칭찬, 훈계, 지원하는 불가결한 역할을 해나간다.

아동에게 몸과 생명을 남긴 부모는 이들을 자기 자신과 같이 사랑하고 존중하며, 측은지심으로 이런 도덕성 함양을 위한 역할을 수행한다.

아동의 부모에 대한 효심은 이 특수한 부모 은혜에 대한 자녀의 자연적인 반응이라고 본다(장현숙, 옥선화, 2015; 최상진, 2012).

자녀와 부모 간의 혈통(핏줄)을 같이함으로써 자연적으로 생기는 인정은 처음에는 부모로부터 시작되나, 아동이 성장하면서 사회화되는 과정에서 부모를 생각하는 심정을 간직하게 되고, 이어 이 인정은 아동과 부모 간에 주고받는 식으로 교환되며 이 교환이 점차 강화된다. 이 과정에서 아동은 부모에 대한 단순한 친밀감의 차원을 넘어 고마움, 송구스러움 등을 느끼는 동시에 은혜를 갚고자 하는 마음을 갖기 시작한다. 한편 부모는 아동에 대해 측은지정과 더불어 친밀감으로 충만한 혈육 의식을 가지게 된다.

아동과 부모 간 관계는 이러한 자연적이고 끊을 수 없는 깊은 정으로 이루어진다.

『시경』(詩經)에는 부모 은혜에 관한 다음과 같은 시가 있다.

> 아버님 나를 낳게 하시고
> 어머님 나를 먹여 주시고
> 나를 길러 주시고
> 내가 필요한 것을 주시고
> 나를 돌보아 주시고

살 곳을 마련해 주시고
어디를 가거나 언제나 팔에 껴안아 주시니
내가 갚아야 할 은혜는 하늘같이 끝이 없네

이 시는 부모가 베푼 깊고 끝없는 관심과 돌봄에 대해서 은혜를 갚고자 하는 자녀의 반응을 서술한 것이다. 부모로부터 이러한 돌봄을 받은 자녀는 자연적으로 부모에 대한 사랑과 존중의 심정을 간직하게 된다.

즉, 세대 간에 경장자유(敬長慈幼)의 호혜적 관계가 이루어지게 되는 것이다.

효의 참다운 기틀은 위와 같이 부모가 아동의 복지를 위해 사랑과 존중으로 먹이고, 돕고, 보살피며 길러 주는 데 대하여 아동이 자연적으로 감지하고 품게 되는 사랑과 존중의 정이라고 본다.

애착 이론은 이 사실을 증명하고 있다. 즉, 아동의 부모를 사랑하는 감정과 태도는 부모가 그들을 사랑으로 돌보는 데 대한 반응인 것이다(Emmons & McCullough, 2008).

맹자는 인간은 인(仁)을 행할 착한 성향을 갖고 태어났지만, 이 성향을 지속해서 기르고 닦아야 한다고 하고, 이를 위해 부모는 자녀를 격려하고 지지해야 한다고 하였다(『맹자』, 「이루 장구 상」; 「양해왕 장구 상」). 즉, 교육과 지도의 필요성을 지적한 것이다.

맹자는 집안(가정)에서 이루어지는 일이 도덕성 개발에 중요한 역할을 함을 되풀이해서 설명했다(「양해왕 장구 상」 5; 「공손추 장구 상」 5; 「공손추 장구 하」 1; 「이루 장구 하」 29).

맹자의 어머니는 맹자가 올바르게 자라날 수 있는 이웃을 찾아 3번이나 이사를 했다. 어머니가 자녀의 정상적인 성장을 위하여 베푼 은혜이다.

어머니 품 안에서 애착하는 아기는 어머니에 대한 사랑을 가지게 되기 마련이다. 이 사랑으로 애착된 부모 자녀 관계는 아기가 부모를 사랑하고 돌보는 성향을 자연적으로 기르도록 이끌게 된다(Simmel, 2008; Hashimoto, 2004). 즉, 아기에게 효심의 싹을 트게 하는 것이다.

다시 말해서 은혜를 받으면서 성장하는 아동은 부모와 다른 사람에 대한 상호성과 긍정적 느낌과 정을 가지게 됨으로써 장래 부모와 타자를 돌보는 이타적 마음의 바탕을 자연적으로 간직하게 된다.

퇴계가 『성학십도』「인설」에서 제시한 가르침도 사람의 도덕성 개발을 촉구하는 내용이라고 요약할 수 있다. 타인을 사랑하고 존중하는 인을 발현하는 데 대한 가르침이다.

이런 도덕성은 가정을 중심으로 이루어진다. 시대가 바뀌고 가족 체계에 변화가 있어도 한국의 아동은 사랑, 존중, 측은지심을 베푸는 부모의 슬하에서 그들의 도덕성을 함양하고 있다.

한국의 부모는 아동의 발달 초기부터 위와 같이 이들이 도덕적 성품을 간직하는 데 필요 불가결한 역할을 한다. 즉. 부모는 이런 역할을 정규적이고 지속적으로 수행함으로써 아동이 간직하게 될 도덕적 태도, 감정 및 품성을 함양하는 데 심오한 영향을 미치고 있다(김경희, 2003; 임진영, 2003).

[보기 3] 성장 과정의 지원

위와 같이 부모로부터 태어나서 부모의 도움으로 도덕성을 함양하면서 사랑, 존중 및 측은지심으로 양육된 자녀는 성인으로 자라나는 과정에서 또 다른 돌봄-은혜-를 부모로부터 받는다.

자녀는 애착기를 지나 철이 들고, 친사회적(親社會的)으로 도덕성이 발달하기 시작하는 때까지 전적으로 부모의 돌봄으로 살아간다. 이때를 지난 뒤에도 독립된 가구를 구성할 때까지 식사, 주거, 의복, 보건, 의료, 교육, 교통, 통신, 레크리에이션 등 생활에 필요한 다양한 도움을 부모로부터 받으면서 성인으로 성장해 간다.

우리 문화에서는 자녀가 이렇게 부모에게 의존하면서 부모와 동거하는 것을 당연한 생활 관습으로 보고 있다. 이러한 관습은 가족주의적이고 상호 의존적인 한국인의 성향의 발로라고 할 수 있다. 고등학교만 마치면 부모와 떨어져 사는 것을 자연적인 관행으로 삼는 서양인의 생활풍습과 대조된다.

자녀 양육은 부모가 책임을 져야 할 매우 커다란 과업이다. 우리 문화에서는 이 과업을 부담이라고 부르기를 꺼린다. 하지만 이 과업을 수행하기 위해 부모가 지는 정서적 및 재정적 부담 또는 희생은 크다. 특히 소득이 적은 계층의 경우가 그러하다.

다음은 자녀 양육을 위해서 부모가 수행하는 책임과 부담에 대한 사회조사의 경험적 자료이다.

자녀 양육을 위한 부모의 기여

경장자유의 자유(慈幼, 어린이 — 자녀 — 를 사랑으로 돌봄)에 해당하는 것이다.

두 가지의 자료를 바탕으로 자녀 양육을 위해서 부모가 주로 수단적(물질적) 돌봄을 제공하는 실례를 들어 보고자 한다. 물론 이런 물질적 돌봄은 부모의 자녀에 대한 사랑, 존중 및 측은지심 — 정서적 돌봄 ─ 을 바탕으로 이루어질 수 있다고 본다.

1) 출생에서 대학 졸업까지의 양육비 제공

부모는 자녀를 이 세상에 태어나게 한 후 성인이 될 때까지 양육을 계속한다.

조사 자료를 바탕으로 부모가 자녀 한 명을 양육하기 위해서 부담하는 비용을 살펴보고자 한다.

출생해서 대학을 졸업할 때까지 드는 총비용은 2억 6천 204만 원으로 드러났다(대한민국국회교육과학기술위원회, 2012: 「한국교육비부담현황보고서」, 2010년 기준).

양육 단계별 지출액을 조사한 결과 영아기(0~2세) 양육비는 2천 466만 원, 유아기(3~5세)는 2천 938만 원이다. 자녀가 학교에 들어가면 비용이 더 늘어나 초등학교(6~11세) 6천 300만 원, 중학교(12~14세) 3천 535만 원, 고등학교(15~17세) 4천 154만 원, 대학교(18~21세) 6천 812만 원이 되었다.

월평균 자녀 양육비는 영아 68만 5,000원, 유아 81만 6,000원, 초등학생 87만 5,000원, 중학생 98만 2,000원, 고등학생 115만 4,000원, 대학생 141만 9,000원으로 연령대가 높아질수록 더 많이 들었다.

돈이 들어가는 항목은 연령대별로 달랐다. 출생 직후 3년간은 분윳값 등 식료품비가 월평균 12만 2,000원으로 비중이 제일 높다. 초-중-고 교육 기간에는 사교육비가 각각 28만 6,000원, 34만 1,000원, 33만 5,000원으로 지출 항목 1위였다. 대학생은 교육비(54만 1,000원)의 비중이 가장 컸다.

조사 결과 전체 응답자(부모)의 99.5%는 자녀의 고교 졸업을 책임져야 하고, **89.9%**는 대학 졸업을 책임져야 한다는 가치관을 가진 것으로 나타났다. 취업 때까지 책임져야 한다는 응답은 전체의 **40.3%**, 혼인 때까지 책임져야 한다는 응답은 **28.1%**였다.

김승권 보건사회연구원 선임연구위원은 "우리나라 부모들은 자녀 양육에 과도한 책임을 지고 있다."라고 하며, "자녀에 대한 부모의 책임 한계를 분명히 하고 학자금 융자제도 강화와 사교육 근절, 교통 통신비 지출 감소 등 사회적 노력이 필요하다."라고 강조했다.

<표 부록 1> 자녀 1인당 양육 비용 추정치

영아기(0~2세)	2천 466만 원
유아기(3~5세)	2천 937만 원
초등학교(6~11세)	6천 300만 원
중학교(12~14세)	3천 535만 원
고등학교(15~17세)	4천 154만 원
대학교(18~21세)	6천 812만 원
전체(출생~대학 졸업)	2억 6천 204만 원

「한국교육비부담현황보고서」(2010년 기준)
대한민국국회교육과학기술위원회 [2012년 10월 24일]

위의 양육비는 물질적(금전) 차원의 자료이다. 자녀를 양육하는 데 부모가 투입한 정서적 차원의 돌봄은 표현되어 있지 않다. 즉 양육하는 과정에서 부모가 자녀에게 베푼 애정, 존중 및 측은지심은 계산되지 않은 것이다. 비록 숫자로는 보이지 않으나 부모가 이런 정서적 가치를 실현했기 때문에 그러한 막대한 비용을 부담할 수 있었다고 추정할 수 있다.

장기간에 걸친 생애에서 위와 같은 양육비를 부모가 부담케 한 원동력은 부모의 자녀에 대한 특수한 사랑, 존중 및 측은지심이며, 아울러 이타적 위공 정신의 발현이라고 볼 수 있다. 이 모두가 퇴계가 교시한 사람 돌봄에 적용되어야 할 윤리적 가치의 실현이라고 하겠다.

2) 성인 자녀를 위한 지원비

한국 부모는 성장한 자녀에게도 재정적 돌봄을 제공한다.

한국보건사회연구원(2016)이 발표한 「가족형태 다변화에 따른 부양체계 변화전망과 공사 간 부양분담 방안」(책임연구원 김유경) 연구 보고서를 보면, 2015에 만 25세 이상 자녀를 가진 40~64세 부모 262명을 대상으로 성인 자녀 부양 실태를 전화 설문 조사한 결과, 39%가 성인 자녀에게 경제적 지원을 하고, 일상생활에 도움을 주고 있다.

부양을 받은 25살 이상 성인 자녀의 87%는 미혼이었고, 취업자 59%, 비취업자 28%, 학생 13% 등으로 나타났다. 이 자료는 많은 부모가 취업 상태의 미혼 성인 자녀를 부양하고 있음을 알린다. 이들의 68%는 부양하는 성인 자녀와 함께 살고 있었다. 1년간 성인 자녀 부양에 든 비용은 월평균 73만 7,000원이었다. 이 비용이 가계소득에서 차지하는 비율은 평균 27%였다.

성인 자녀 부양의 어려움으로는 부양 비용 부담(39%)을 첫손으로 꼽았고, 그다음으로 자녀와의 갈등(30%), 개인 및 사회생활 제약(10%) 등이 지적되었다. 67%는 1년 내내 성인 자녀에게 경제적 지원을 했다.

지난 1년간 성인 자녀에게 정서적 도움을 포함한 일상생활에 도움을 준 빈도에 대해서는 56%가 "거의 매일"이라고 답했다.

이상 두 가지의 부모 자녀 간의 돌봄을 주고받는 보기들을 살펴보았다. 이 보기들은 의도적으로 선정된 것이어서 대표성이 제한되어 있으나 부모의 자녀를 위한 돌봄의 실상을 설명하는 경험적 자료이다.

이러한 돌봄 외에도 자녀는 성장 과정에서 다양한 유형의 크고 적은 물질적(재정적) 도움(예: 일용잡비, 교통비, 의료비, 레크리에이션비 등)을 수많은 횟수에 걸쳐 받았을 것이다. 이러한 도움은 부모의 자녀에 대한 사랑, 존중, 측은지심으로 베풀어 주었을 것을 짐작할 수 있다.

위와 같은 도움을 받은 자녀는 대부분 독립성과 자율성을 높이는 시기에 있다. 사회적 기대에 맞게 행동하기 시작하며 고령의 부모를 보호 · 부양하는 책임감을 마음속에 품게 되는 시기이다. 부자간 서로 돌봄의 정서적 바탕이 조성되는 시기다.

[부록 II] 퇴계의 사회적 돌봄: 향약

퇴계는 부모 자녀 간의 사랑하고 존중하는 관계가 더 넓은 공동체 돌봄(공, 公)에 미쳐야 함을 역설하였다. 퇴계는 공을 효의 확장으로 규정하였다. 퇴계는 가족에서 뻗어나 사회의 빈곤하고 불우한 사람들의 복리를 추구하는 이타적 돌봄을 호소하였다. 구체적으로 늙어서 아내 없는 자, 늙어서 남편 없는 자, 늙어서 아들 없는 자, 어려서 어버이 없는 자는 천하의 궁민(생활이 매우 어려운 사람)이며, 이들 ― 사회적 약자 ― 을 돌보아야 함을 호소하였다.

퇴계는 나누어 가짐을 주장하면서 비개인주의적(非個人主義的)인 이타성(利他性)을 실현할 사회적 의무를 중시하였다. 이러한 나누어 가지는 데 필수적인 조건으로서 사랑과 존중, 그리고 측은지심과 서(恕)의 가치를 가르쳐 주었다.

퇴계의 인(仁)에 대한 정의를 보면 위와 같은 그의 가르침을 이해할 수 있다. 그가 정의한 인의 마음은 "따뜻하게 남을 사랑하고 섬기며 모든 것을 이롭게 하는 사심 없이 이타적인 마음"이다(이황, 『성학십도』, 「인설」). 이 마음은 가족의 역을 넘고 사회적 계층을 초월한 보편성을 갖추었으며 널리 베풀어 만물을 구제함을 이루게 된다. 퇴계는 이처럼 가족 중심으로 이루어지는 효를 확장하여 공을 이룸으로써 인을 발현할 것을 역설하였다. 공은 타인에게 은혜를 베푸는 데 의무감을 느끼는 마음속의 자질이며 조건 없이 측은지심을 발출하는 인도주의적 덕성이라고 할 수 있다(김낙진, 2004: 142). 퇴계는 그의 이러한 덕성을 다음에 논하는 향약을 입조하여 운영함으로써 실제로 발현하였다.

1) 향약

퇴계의 공(公) 사상을 실천으로 옮긴 대표적 업적이 향약(鄕約)이다(정순목, 1990). 향약은 향촌공동체 주민을 위한 상호 부조(서로 돌봄)를 실행한 민간 주도의 사회복지 사업이다(나병균, 1985). 이 책에서 논구하는 사회적 돌봄에 속하는 인간 봉사라고 본다.

향약의 구휼(救恤, 어려운 사람을 돌봄) 정책은 현대 국가의 사회복지 제도와 형식과 내용에서 비슷한 측면을 띠고 있다.

향약은 퇴계가 『성학십도』에서 밝힌 공(公) 사상을 실천하는 데 대한 약정이라고 할 수 있다. 향약은 사회적 계급을 초월하여 공평한 재정적 원조와 사회적 돌봄을 제공해서, 향촌 사람들의 기초적 욕구를 충족하는 데 공동 책임을 진 향촌공동체의 서로 돌봄을 위한 자치적, 자율적 위공 사업이다. 이 사업의 기틀이 바로 퇴계가 창도한바 효-공을 사랑, 존중, 측은지심으로 실천하는 중민(重民) 사상이었다.

퇴계는 효를 향약 약정 첫 대목에 넣어 강조하였다. 향약은 단순히 상부상조의 협동만을 논하기에 앞서, 그것이 효를 중심으로 향촌 주민의 서로 돌봄을 통한 사회복지를 증진한 인도주의적인 공동체를 이룬데 유의할 필요가 있다.

퇴계가 입조, 운용한 예안향약(禮安鄕約)은 후세 향약 제도의 표준이 되었다. 예안향약의 구체적인 목적으로서 환난상휼(患難相恤, 어려움을 당하여 약원들이 서로 돌보는 것)을 정해진 약정에 따라 실행하는 것인데, 다음의 7가지 돌봄 사업을 실시한 것이다.

이 사업들은 모두가 오늘날 우리가 말하는 사회복지 사업의 범주에 속한다고 본다. 향촌 사회 성원들의 일상생활에서 발생하는 욕구를 충족하기 위한 다양한 돌봄 사업을 포괄한 종합적인 사회복지 사업이다.

① 구난(救難, 화재나 도난 같은 갑작스러운 어려움을 당한 자를
  지원하는 사업)

이런 어려움을 당한 자를 향약의 모든 약원(約員)이 협동해서 구
제한다. 집과 재산을 잃은 약원을 위해 각자 쌀 5두씩을 내고, 장정
한 사람이 식량 1일분, 재목 1본, 집 10다발을 들고 가서 급한 재난
을 구제한다.

② 질병구제(疾病救濟, 병든 자를 돌보아 살리는 사업)

중병에 걸린 약원에게 약을 구해 주고, 병을 고치도록 하고, 병 때
문에 농사가 폐하게 되면, 약원들이 힘을 합쳐 농사를 지어 기근을
면토록 한다.

③ 고약부양(孤弱扶養, 고아를 자립할 때까지 돌보아 주는 사업)

재산이 있는 고아는 성인이 될 때까지 돌볼 사람을 정해 주고, 가
난하고 위탁할 곳이 없는 고아는 자립할 때까지 돌보아 준다.

④ 빈궁진휼(貧窮賑恤, 가난하고 어려운 자에게 물질적 지원을 하
  는 사업)

생계를 유지하지 못하는 가난한 약원을 돌보아 주는 사업으로서,
재산을 대부하여 차차 갚게 하거나 위탁할 곳이 없는 경우에는 살아
갈 방법을 강구하여 지원한다.

⑤ 가취보급(嫁娶普及, 어려운 가정의 아들딸을 출가하도록 돕는
  사업)

나이가 찬 남녀가 출가하도록 혼수를 마련해 주거나 기타 방법으로 지원한다.

⑥ 사장조위(死葬弔慰, 초상을 당한 자에게 부조와 위문을 하는 사업)
쌀과 노력으로 조위한다.

⑦ 사창경영(社倉經營, 곡식을 저장하여 식량이 필요한 약원들에게 대여하는 사업)
곡식을 창고에 저장해 두었다가 필요로 하는 약원들에게 빌려주는 사업인데, 봄에 나누어 주고 가을에 이식(利息)을 받고 거두어 드린다. 약속한 시일에 반납하지 않으면 규정에 따라 벌을 가한다.

향약이 약원들에게 제공한 이러한 돌봄의 유형은 당시의 지역공동체는 물론 오늘날의 사회에서도 적용할만하다. 공동체 성원을 위한 종합적이고 다목적인 사회복지 사업의 틀을 갖추었다고 볼 수 있다.
이 틀은 고령자, 아동, 장애인, 독신자, 빈곤자를 포함한 딱하고, 불쌍하고, 고생하는 향촌 사회 성원들을 위한 포괄적 돌봄 서비스를 제공하는 구체적 방법과 절차로 짜여 있다. 이들의 서로에 대한 애정, 존중, 측은지심이 발현된 것으로 본다.
그뿐만 아니라, 향촌 사회의 질서와 예절을 유지하기 위한 윤리도덕적 규범, 향약의 운영을 위해 약원이 지켜야 할 책임, 약원 간의 상호협동을 위한 조례 등이 체계적으로 약정되어 있다.
향촌 외부의 아무런 도움이 없이 약원들이 스스로 자립, 자족, 자치하는 자율적인 사회적 돌봄 공동체를 성립시킨 것이다.

이러한 사회적 복지 사업을 운영토록 이끈 힘이 바로 퇴계가 강조한 효의 기본적 가치이며 이것이 확장된 공의 정신이었다.

향약의 약원이 우선 준수할 원칙으로서 다음이 설정되어 있다.

① 부모에게 효도하는 것
② 국가에 충성하는 것
③ 형제에게 우애로울 것
④ 어른을 공경하는 것
⑤ 남녀 간 예절을 지키는 것
⑥ 말을 반드시 믿음성 있게 하고, 행실을 반드시 하고, 욕심을
   참고, 착함을 반드시 행하고, 허물을 고치는 것
⑦ 친족 간에 화합하고 이웃과 사이좋게 지나는 것
⑧ 자식을 가르침에는 절도가 있어야 하는 것
⑨ 아랫사람을 다스리는 데 법도가 있어야 하는 것
⑩ 일을 함에는 부지런해야 하는 것
⑪ 약속과 믿음을 지키는 것

위와 같은 원칙들에서 효의 원칙이 가장 앞서 제시되어 있다. 이 원칙들에는 또한 사랑, 공경, 화합, 성실, 선도(착하게 인도함), 실천과 같이 퇴계가 받든 가치가 함축되어 있다(정순목, 1990).

퇴계는 학문을 닦는 데에만 그치지 않고, 향약을 통해서 향민 간의 화목한 인간관계와 사회정의의 실현을 위해 상휼(相恤)하는 ― 마음과 물질을 보태어 서로를 돌보는 ― 위공 사업을 향촌의 사회 현장에

서 실천한 것이다. 즉, 향약을 통해서 향촌공동체의 복지를 증진한 것이다.

향약은 퇴계가 거듭 강조한 '생각'의 '실천'(孝行一致)이 구체적으로 이루어진 대표적 보기라고 할 수 있다.

이러한 퇴계의 노력으로, 중국에서 발원한 향약은 조선의 토양에서 개화되고 결실을 보았다. 두 차례에 걸친 커다란 사화(士禍, 사림 출신의 관리들 및 선비들과 반대파 관리들 및 선비들 사이에 벌어진 혹독한 탄압과 쟁투)는 사회 불안을 조성하고 퇴계로 하여금 벼슬길에 대한 환멸을 갖게 하여 그가 고향인 경북 안동 예안(禮安)에 정착해서 학문 연수 및 후학 양성과 함께 향약 사업에 전념토록 한 것이다.

퇴계가 향약에 관심을 두게 된 것은 지방 교화 제도로서 향약의 가치를 인정하기도 하였거니와 위와 같은 사화의 여풍으로 방가의 사풍이 날로 해이해져 가는 어려운 당시의 사회상을 걱정하였기 때문이었다고 한다(정순목, 215).

그가 향약 조목에 넣은 효제를 비롯한 행동 준칙은 향후 수백 년 동안 조선 사회의 선악(善惡) 의식을 조정하는 정신적 강령이 되었고, 향민이 자치적으로 실행하는 서로 돌봄을 위한 규약과 본보기가 되었다(나병균, 1985).

이러한 향약은 향민의 신분적 평등, 공평한 분배 및 인륜의 구현을 통해서 서로 돌보는 사회복지 공동체로서의 대동사회(大同社會)를 지향한 역사적 사례이며 우리 겨레가 창조한 사회적 돌봄의 역사적 범례이다.

사회복지적 의의

퇴계는 향약을 약정하여 운영한 지도자로서 인간애와 인간 존중으로 실행되는 효(孝)-공(公)을 향약의 이념적 바탕으로 설정하고, 이를 향민이 이해, 수용토록 해서 공동 이념으로 삼았다. 계급을 타파하고, 자원을 공평하게 분배해서, 모든 향민이 자주적으로 참여하는 서로 돌보는 공동체를 이룩하였다.

이러한 공동체를 운영하기 위하여 퇴계는 향약의 조직체 구성, 인원 및 책임 배정, 예산 확보, 사업 프로그램 개발 등을 지도, 감독하는 리더십을 발휘하였을 것이다.

이 공동체를 통해서 향민이 빈곤, 질병 및 천재로 인해 발생한 기초적 욕구를 충족도록 하고, 향촌 사회의 질서와 윤리를 지키면서 생활 안정과 사회복지를 이룩도록 한 것이다(정순목, 1990: 205-222; 나병균, 1995).

이렇게 하여 이기주의적이고 개인 중심적인 문화와 대조되는 이타적인 공동체 문화를 조성한 것이 분명하다.

이러한 공동체 발전을 가능하게 한 힘은 인간애와 인간 존중으로 실행되는 효의 가치를 바탕으로 결속과 유대를 이루어 서로 돌보는 살기 좋은 사회를 새우려는 향민의 공통된 의지라고 본다(정순목, 1990).

즉, 향약의 개개 약원은 공동체 성원으로서 서로 사랑하고 존중하는 감정과 행동을 공유하며, 책임감과 사명감을 가지고 공익에 기여하여 '나' 자신과 가족의 복리를 증진함은 물론, '나'와 상호 의존하며 함께 사는 '우리'의 성원들을 지지, 조원하고, 사회적 약자를 측은지심으로 돌보며 보호해 줌으로써 향촌지역 공동체의 사회적 돌봄을 증진한 것이다.

위와 같은 바람직한 실적은 공동체를 통하지 않고서는 이룩하기 어려운 것이다(신용하, 장경섭, 1996; Netting et al., 2016).

조선의 사회문화적 토양에서 생성한 위와 같은 퇴계의 가르침과 실천 모범은 우리의 사회복지에 관한 생각과 행동을 인도하는 지렛대 역할을 할 수 있다고 본다.

[부록 Ⅲ] 한국인과 미국인의 부모 부양 이유

노부모를 부양하는 한국인과 미국인의 부양 이유를 비교·분석한다. 이러한 비교문화적 연구를 통하여 문화적 차이와 관계없이 나타나는 공통적인 부양 이유와 각 문화 특유의 부양 이유를 식별하여 부모 부양에 대해서 우리가 수렴해야 할 사항과 우리가 다른 문화권 사람들에게 시범할 사항을 규명할 수 있다.

1) 부모를 부양하는 이유

부모를 부양할 이유는 효(孝)의 행위를 결정하는 주요한 변인이 될 수 있다.

부양 행위는 '부모를 돌보기 위해 정성껏 이타적으로 행동해야 한다.'라는 자녀의 의무감에 의해 동기화되므로 '도덕적' 및 '친사회적' 행동이라고 할 수 있다. 사회 성원들의 효행 이유는 그 사회의 일반적인 가치를 반영한다고 볼 수 있다. 이러한 가치는 자녀의 부모 부양을 위한 목적 및 수단을 결정하는 데 영향을 미칠 수 있다.

2) 비교문화적 조사

부모 부양 이유를 비교연구하는 목적은 문화적 차이에 따른 효행 이유의 차이를 파악하기 위한 것이다. 이런 연구를 통해 다른 문화로부터 배워야 할 점, 특히 각각의 문화에서 중요시하거나 경시하는 효행에 대한 태도와 행동을 알아볼 수 있다.

(1) 비교연구를 위한 자료

가. 미국 자료

미국 부양자에 관한 자료는 뉴욕 시내 3개 노인복지시설에서 주간 보호 서비스를 받는 노부모를 돌보는 203명의 주 부양자로부터 수집되었다(성규탁, 2016). 면접 조사를 통하여 이들의 부양 이유를 파악하였는데, 사용한 설문은 "귀하는 어떤 이유에서 부모를 돌보아 드리고 있습니까?"라는 개방형 질문이었다.

이 미국인들이 이 질문에 응하여 부모를 돌보는 이유를 지적하였는데, 각 이유의 지적빈도를 보면, '자녀로서의 책임 때문에'(58%), '부모를 사랑하기 때문에'(51%), '부모 은혜를 갚으려고'(17%) 세 가지로 나타났다. 부양자의 대부분은 고령자의 성인 자녀(65%)였으며, 이들의 평균 연령은 51세이다. 그리고 피부양자의 부인 또는 남편인 경우가 9%, 형제, 조카/질녀인 경우가 16%이다. 주거 형태는 대부분의 보호·부양자가 별거하면서 부양하고, 27%가 동거하며 부양하고 있었다. 돌봄 서비스를 받는 고령자의 80%가 여성이며, 사별한 경우가 67%, 75세 이상이 66%이고, 신체장애 정도는 평균해서 중간 정도인 것으로 나타났다. 부양자는 전화 대화, 대면 접촉, 가사 원조, 개별 돌봄, 쇼핑, 식사 준비, 건강 돌봄, 경제적 원조, 재정 관리, 정서적 지지, 교통 서비스, 외부 노인복지 서비스와의 연결 등과 같은 돌봄 서비스를 제공하고 있었다.

나. 한국 자료

한국 측의 부양자에 대한 자료는 서울시에서 저자가 수집하였다.

조사 대상은 3개 노인복지시설에서 재활, 주간 보호, 급식 등 서비스를 받는 노부모를 부양하는 주 부양자 226명이다(성규탁, 2016). 이들은 각 시설에서 보유하는 보호·부양자 목록을 근거로 체계적 무작위 표집을 하여 추출되었는데, 표본 크기는 각 시설 소속 보호·부양자의 수(30~120명)가 다르기 때문에 시설마다 다르다(표집 비율: .5). 자료 수집 방법은 각 가구를 직접 방문하거나 전화를 통한 면접 조사이며, 부양 이유를 파악하기 위한 질문은 "귀하는 어떤 이유에서 노부모님을 돌보고 계십니까?"라는 개방형 질문이었다. 조사 대상자 중 172명에 대한 조사를 완료하여, 응답률 .76을 내었다.

한국 보호·부양자들이 지적한 6가지 주요 효행 이유는 '존경', '책임', '애정', '보은', '가족 화합' 및 '희생'이다(<표 부록 2> 참조). 다음으로는 '보상', '동정심', '종교적 신념'의 순이었다. 지적한 응답자가 10% 이하인 항목은 분석에서 제외하였다.

부양자 대부분은 성인 자녀(74%)이며, 며느리 74%, 아들 13%, 딸이 12%이고, 평균 연령은 48세이다. 부양자의 85%는 여성이며, 83%가 유배우자이며, 81%가 동거하면서 부양하였다. 피부양자인 노부모 중 66%가 여성이며, 65세 이상이 78%, 사별한 경우가 66%이다. 피부양자 대다수는 건강 문제와 사회적 문제를 가졌다. 부양자들은 개인적 부양, 가사 원조, 식사 시중, 투약, 청소, 세탁, 목욕, 용돈, 외출 동행, 공식적 서비스의 연결 등의 서비스를 제공하였다.

(2) 조사 방법

본 연구에서 한국과 미국의 자료를 수집하는 데 있어 두 문화적 맥락에서 공통으로 나타나는 부양 이유를 파악하기 위해 동일한 개념이 포함된 질문을 사용하였다. 그리고 두 연구에서 다 같이 부양 이유를 포괄적으로 측정하기 위해 수개의 동일한 부양 이유 유형들을 사용하였다. 응답자들은 노부모가 필요로 하는 동일한 비공식적 돌봄 서비스를 제공하는 성인 자녀들이었다. 그리고 양측의 노부모 집단은 유사한 돌봄 서비스를 유사한 노인복지시설에서 받고 있었다.

이러한 여건하에 문화적으로 다른 맥락에서 부모를 부양하는 두 개의 성인 부양자 집단의 부양 이유에 대해 제한된 범위 내에서 비교연구를 시도하였다. 이와 더불어 두 문화적 맥락에서 나타나는 부양 이유를 파악하기 위해 사용한 연구 도구(설문지), 연구 주제(부양 이유), 측정 기법(지적한 이유의 빈도)은 모두 유사하다. 다만 두 연구에서는 동일한 설문지를 번역하여 사용하거나 공동조사 연구를 실시하지는 않았다.

(3) 조사 결과

미국 부양자와 한국 부양자 간에 상이한 특성이 나타났다. 미국 부양자의 경우 자녀가 65%이며, 부양을 받는 부모와 동거하는 경우가 27%인데 비하여, 한국 부양자는 91%가 자녀이며, 부양받는 노부모의 81%가 자녀와 동거하고 있었다. 이와 같이 한국 측은 대다수의 성인 자녀와 이들의 부양을 받는 부모가 동거하는 데 반하여, 미국 측에서는 대부분 자녀가 부모와 별거하는 차이가 드러났다. 그리고 한국 측보다 미국 측은 상대적으로 연령이 높다. 미국인의 수명이 한국인보다 더 길다는 인구학적 특성의 차이를 보이고 있다.

<표 부록 2>	미국인과 한국인의 부양의지 비교	
부양동기*	미국인 (N=203) 순위(%)	한국인 (N=172) 순위(%)
책임/의무	1 (58%)	2 (77%)
애정/사랑	2 (51%)	3 (75%)
보 은	3 (17%)	4 (77%)
존 경	–	1 (81%)
가족화합	–	5 (61%)
희 생	–	6 (24%)

(%)는 지적한 부양자의 비율
* 응답자의 10% 이상이 지적한 항목만 제시

가. 미국인과 한국인의 공통적인 부양 이유

미국과 한국의 부양자 모두가 책임, 애정, 보은을 부모를 부양하는 주요 이유로 지적했다. 그러나 부양 이유를 지적한 빈도에 있어서는 두 집단 간에 차이를 보인다. 한국 측은 미국 측보다 이 3가지 유형의 부양 이유를 지적한 빈도가 더 높다(<표 부록 2> 참조). 그러나 2개의 상이한 문화에 속하는 성인 자녀들이 부모에 대한 애정, 보은, 책임감과 같은 중요한 인간적 자질을 공통으로 보유하고 있음을 알 수 있다.

다음에 각 문화에서 이러한 인간적 자질이 지니는 의미에 대하여 논의하고자 한다.

부모에 대한 애정

유교경전에는 사랑에 대한 말이 희소하다. 그러나 사랑은 인간의 특성으로서 동서양을 막론하고 공통적인 미덕이다. 유교권에 속하는 한국에서는 전통적으로 사랑을 표시하는 태도나 행동을 서양 문화처럼 자유롭게 공개적으로 표출하지 않았다. 하지만 유교에서 가장 고귀한 인간의 가치로서 숭앙받는 인(仁)은 바로 인간애/사랑 그 자체인 것이다. 인의 가장 대표적 표현인 측은지심(惻隱之心)은 곧 지극한 사랑의 표현이다. 동아시아 사람들은 이러한 인간의 기본적 가치를 숭앙하면서도 단지 이의 표현을 서양 사람들과 같이 자유롭게 자동으로 표시하지를 않는 성향이 있다.

사랑을 주고받는 것은 인간의 기본적 욕구이다. 더욱이 중요한 사실은 사랑을 이루는 핵심적 차원은 돌봄/보살핌(caring)이라는 사실이다(『성서』, 「코린도전서」 13장; Fromm, 2006).

서양의 유대·기독교 윤리에서는 사랑은 엄연히 덕(德)으로 개념화되어 왔다(Acquinas, 1981). 기독교적 사랑의 특성은 타인의 복지를 위하여 자신을 희생하는 것이며, 유대인들은 전통적으로 사람들에 대한 사랑과 돌봄이라는 가치를 통하여 타인과의 관계를 맺어 왔다(Novick, 1981).

동양의 효도 인간의 본능적인 사랑에서부터 유래된 것이다. 유교 윤리의 중심적 교의는 인(仁, 인간애)에 기초한 것인데, 인은 도덕성의 핵심이고, 인간성 그 자체이며, 인을 실천에 옮기는 가장 기본적인 방법이 부모를 측은지심으로 사랑하는 것이다.

애정은 부모와 자녀와의 관계를 사정(査定)하는 데 매우 중요한 변인이 된다. 피부양자와 부양자 사이에 강한 애정적 결속이 있는 경우에는 부모를 부양하는 데 대한 부담이나 스트레스를 적게 느낀다(성규탁, 2016). 부모와 자녀 간의 사랑은 호혜적 속성이 있다. 한편에서 많은 사랑을 베풀게 되면, 다른 한편에서도 많은 사랑을 베풀게 되는 것이다. 부모 자녀 간에는 이러한 호혜적 관계가 정상적으로 이루어져야 하지만, 한편으로 애정을 주지 못할 때도 있다. 애정은 보호·부양에 따르는 부담감이나 스트레스가 심할 때는 줄어들거나 무산되어 버릴 수 있다고 했다. 그래서 Nydegger(1983)는 어떠한 사회도 노인 부양에 있어 애정에만 의존해선 안 된다고 하며 애정을 대신한 책임의 중요성을 강조했다.

보은

부모는 의식주, 애정, 보호, 건강, 교육 등과 같은 자녀의 기본적인 욕구를 충족시켜 준다. 그러므로 자녀가 이러한 부모의 은혜에 보답하려는 욕구를 갖는 것은 자연적인 것이다.

부모는 자녀에게 두 가지의 막중한 은혜를 베푼다. 첫째는 나를 이 세상에 태어나게 하신 은혜이고, 둘째는 나를 어머니 뱃속에서부터 태어나 성인이 될 때까지 키워 주신 은혜이다.

맹자는 "이 세상의 모든 일 가운데서 부모가 자녀에게 베푸는 봉사만큼 큰 것은 없다."라고 했다(『논어』, 「학이편」).

서양의 저명한 윤리학자 Sidwick(1983)은 자녀가 부모로부터 받은 것 중에서 최고의 선물은 생명 그 자체라고 했다. 동양의 공자는 신체발부(身體髮膚 몸, 머리털, 피부)는 부모로부터 받은 것이므로 이를 더럽히거나 손상해서는 안 된다고 했다(『효경』 1). 그뿐만 아니라 불교의 『부모은중경』에 들어 있는 10가지의 어머니의 은혜는 무엇으로도 갚을 수 없는 막중한 것이다.

부모 은혜에 보답하는 것은 쉬운 일이 아니다. "부모는 열 명의 자녀를 보살필 수 있지만, 열 명의 자녀들은 한 명의 부/모를 보살피지 못한다."라는 말이 있다. 유감스럽게도 많은 자녀는 부모에 대한 은혜 보답을 실행하지 못하고 있다. 그러나 효성스러운 자녀는 이를 갚으려고 노력한다. 하지만 불타(佛陀)의 말과 같이 "비록 자녀가 백 년 동안 향기로운 물약으로 부모를 목욕시키고, 부모에게 왕좌를 갖추어 주고, 세상의 모든 호사스러운 것을 다 바친다고 해도, 부모에게 진 은혜의 빚을 갚기란 불가능하다."라고 했다.

자녀가 성숙해져 부모 은혜에 보답할 준비가 되었을 때, 부모는 이미 이 세상을 떠나버린 후인 경우가 많다. 그리하여 부모 사후에라도 은혜에 보답하기 위해 자녀는 부모의 묘소를 찾아 경배하고, 자신들의 자녀들에게 선조의 은덕에 대한 덕담을 해주고, 부모와 가까웠던 이웃이나 친척을 초대하여 접대하고, 부모의 명의로 된 공익사업을 한다. 이러한 행동은 부모에 대한 보은의 의리를 실행에 옮기려는 인간적 노력이다. 이러한 자녀의 노력에 앞서 부모는 자녀에게 애정을 베풀고, 훈육하고, 지원하고, 온정으로 대하며, 사회적으로 바람직하고 친사회적인 방향으로 자라나도록 영향을 미쳐 왔다. 이러한 부모 자녀 사이의 아름다운 호혜적 관계를 나타내는 한 예로서, "나는 내 어머니에게 어머니 역할을 하고 있다. 나의 어머니는 사랑과 따뜻한 애정을 필요로 하는 나의 자녀와 같다."라는 병약한 모친을 부양하는 딸의 표현을 들 수 있다. 그래서 초기에는 자녀가 부모에게 의존하고, 후기에는 노부모가 자녀에게 의존하는 호혜적인 관계가 생애주기에 따라 이루어지는 것이다.

책임감(의무감)

부모에 대한 책임은 자신의 부모를 보호·부양하고, 이분들의 욕구를 충족시켜야 하는 성인 자녀의 의무를 의미한다. 부양 또는 돌봄이란 용어는 타인의 안정과 복리를 중시하고 이에 대한 책임을 진다는 의미가 내포되어 있다.

공자는 부모 봉양이 할 수 없이 하는 짓이 되어서는 아니 된다고, 아들과 며느리는 부모가 편안함을 느끼도록 기쁜 마음으로 봉양해야 한다고 했다(『예기』1). 이 말은 사람들이 효행에 대한 의무를 성실히 실행하여 덕(德)을 베풀도록 권장하는 가르침이다. 부모를 부양한다는 것은 자녀의 당연한 도리이며 마음에서 우러나는 이타적 의무감에서 이루어지는 것이다. 이는 곧 어진 덕행(德行)이며, 효의 기본 요소이다.

부모 부양에 대한 의무는 유대·기독교의 도덕관에도 나타나 있다. 성경에는 너의 오늘이 있게 해준 너희 부모를 존경하라는 가르침이 있다(「출애굽기」 20: 12). 부모에 대한 존경을 강조하는 가르침이다. 유대 율법에 따르면, 존경은 다른 사람에 대한 돌봄 서비스를 통하여 실행할 수 있다(Dillon, 1992). 유대교 전통에 따르면 비록 악의는 없다고 할지라도 부모에 대한 무시와 무관심은 무책임한 비인간적 행동과 동일한 것이다.

동양의 유교에서도 물론 부모 존경을 강조하고 있다. 맹자가 말하기를 불효에는 다섯 가지가 있다. 그중 하나는 부모를 봉양하지 않고 재물과 재화를 탐하고 자신의 이익을 추구하는 것이라고 하였다. 그리고 공자는 부모가 살아있는 동안에 아들은 먼 곳에 출타하지 말 것이며, 만약 먼 곳에 출타할 일이 생기면, 가는 곳을 알려야 한다고 했다(『논어』, 「리인」 19). 즉 부모에 대한 책임을 다하기 위해, 자녀는 부모와 멀리 떨어져 가는 것을 삼가고 부모와 연락할 수 있는 곳에 머물러야 한다는 것이다.

미국 사회와 한국 사회 모두 부모 부양의 일차적 책임은 가족에 있다고 할지라도, 가족생활의 유형은 상당히 다르다. 한국에서는 노부모의 상당수가 결혼한 아들과 동거하고 있다. 그러나 미국에서는 상당한 거리를 두고 서로 떨어져 산다. 고등학교만 졸업하면 대개가 부모에게서 독립하여 다른 가구를 이루기 시작한다. 그리고 미국에서는 딸이 보호·부양자의 역할을 하는 경향이 높은 데 반해, 한국에서는 다수의 며느리가 시부모 부양의 책임을 진다. 이러한 현상은 한국 자녀와 미국 자녀의 부모 부양에 대한 책임 수행 방식의 차이를 나타낸다.

부모가 가장 염려하는 것은 자녀의 건강이다(『효경』 1). 그러므로 자녀의 부모에 대한 매우 커다란 책임은 자신의 건강과 안전에 주의를 기울이고, 부모의 염려를 들어주는 것이다.

앞서 기술한 바와 같이, 자녀의 부모에 대한 사랑은 보호·부양에 따르는 부담과 장기간 부양함으로써 야기되는 긴장과 스트레스 때문에 줄어들거나 무산될 수 있다(성규탁, 2016). 인간의 감정은 변덕스러워 변할 수 있는 것이다. 그러나 부모에 대한 자녀의 책임감은 도의적으로 그럴 수가 없다. 이러한 도의적인 신념이 귀중하기에 가족을 책임의 체계로 보는 시각이 중요시되고 있다. 부모와 가족에 대한 책임 문제는 사실 현대 산업사회가 그 중요성을 재강조해야 할 과제이다.

나. 한국인 특유의 부양 의지

위에서 논의한 3가지 부양 의지와 더불어 존경, 가족 화합 및 희생이 한국인의 또 다른 주요 부양 이유로 식별되었는데, 미국인에게는 이러한 이유가 드러나지 않았다.

부모에 대한 존경

부모에 대한 존경은 한국인들이 많이 지적한 효행 이유이다. 실제로 효에 대한 가르침에서 가장 강조하는 점이 부모에 대한 존경이다. 즉, "부모님을 존경심과 예를 갖추어 돌보아 드리는 것"이다(성규탁, 2019).

부모 존경에 대해서는 이 책 여러 장에서 다루어졌다.

『예기(禮記)』에 수록된 다음과 같은 가르침은 아직도 우리에게 영향을 미치고 있다고 본다.

> 오늘날 부모를 물질적으로 봉양하면 되는 것으로 본다. 그러나 개와 말들에게도 먹이를 주지 않는가. 부모를 봉양하는데 존경심이 따르지 않는다면, 부모와 동물 사이에 무슨 차이가 있겠는가?

따라서 부모 봉양은 물질적 돌봄만이 아니라 존경과 온정이 수반되어야 한다. 이와 더불어 공자는 "나의 가정에서 노인을 공경하듯 다른 가정의 노인들도 공경해야 한다."라고 일렀다(『예기』 11).

오늘날 고령자의 권위가 약해지고 있다고 하지만, 이분들에 대한 존경은 여전히 사회적 규범으로 받아들여지고 있다. 고령자를 공손하게 대하고 공경하는 것이 한국인의 전통적 관습이다. 한국인은 고령자와 대화할 때 존댓말을 쓰며, 이분이 좋은 자리에 앉게 하며, 먼저 대접하며, 먼저 문을 나서게 하며, 생신과 휴일에 방문하며 존경하는 모임에 참여한다.

유대・기독교 문화에서도 부모에 대한 존경은 사회적 윤리이다. 성경에 "너희는 각자 자기 부모를 경외하라."라는 가르침이 있다(「레위기」, 19:3). 이 가르침에서 '경외'라는 말은 하느님에게 하는 '존경'과 거의 비슷한 의미를 지닌다(김시우, 2008). 그리고 유대 율법에서는 부모가 내 앞에 없는 경우에도 존경하는 태도를 가질 것을 요구하고 있다(Finkel, 1982). "너희는 나이 많은 노인을 높이 받들어 모시라."라는 구약의 말씀은 노인에게 높은 지위를 부여해서 존중하라는 의미로 해석되고 있다.

이와 같이 유대・기독교윤리에서 부모를 공경하라고 가르치고 있기는 하지만, 이런 종교적 교의는 서구 세계에서 기대하는 것보다 많은 영향력을 발휘하지 못하고 있다고 한다(Cox, 1990). 실제 역사적으로 서유럽에서는 노인을 경시하고, 노인에 대해 관대하지 못한 풍조가 퍼져 있었던 것으로 밝혀졌다. 미국의 경우도, Palmore(1989)가 지적한 바와 같이, 효의 관념은 대부분의 미국인에게는 낯선 것이다. 본 조사에서 나온 자료는 이런 미국인의 성향을 반영하는 것으로 본다. 그러나 Palmore(1989)는 노인에 대한 존경은 노인을 현대 사회와 통합시키고 이들의 사회적 지위를 유지하는 데 있어 매우 중요한 요소가 된다는 점을 강조하고 있다.

가족의 조화

부모를 중심으로 조화로운 가족관계를 이룸으로써 가족원들이 부양에 대한 감정, 관심 및 행동을 동일화하고, 모두가 부양에 대한 책임과 범위를 정하는 규칙이나 합의사항을 준수할 수 있다.

유교에서는 가족과 사회의 모든 성원 간의 조화로운 관계를 중요시한다. 도덕성의 핵심이며 인간성 자체인 인(仁)은 사람들이 인간애와 측은지심으로 화합된 상호 관계를 이루는 데 가치를 두고 있다.

한국 문화에서는 가족관계의 통합을 매우 중시하며, 이 관계에서도 부모 자녀 관계가 가장 중심적 위치를 점유한다. 수 세기 동안 한국인들은 외침과 내란을 견뎌내는 과정에서 단합된 가족 체계를 유지해 왔다. 오늘날에도 한국인들은 "믿을 수 있는 건 가족밖에 없다."라는 말을 한다. 이러한 가족주의적 성향은 최근의 급격한 산업화 과정을 거치면서도 약화되기보다는 오히려 강화되고 있다는 견해가 있다. 끈질긴 문화적 저항이 이루어지고 있는 것이다.

부모를 위한 희생

부모를 위해 희생하려는 의지는 성인 자녀가 부모의 복리를 위해 곤경도 견디어 내겠다는 뜻을 나타낸다. 예로 장기간 와병 중인 부모를 부양하려는 이유를 들 수 있다. 이러한 윤리적 이유는 개인의 이익을 초월하는 이타적인 희생에 근거를 두는 것이다.

한국의 효행자에 관한 이야기들은 의례 그들이 바친 희생을 설명하고 있다. 다음 한국 효행자의 사례들은 이러한 희생이 무엇인가를 간략히 말해준다.

어머니를 봉양하기 위하여 딸은 30세가 될 때까지 결혼을 미루고, 봉양하는 데 드는 비용을 마련하기 위해 가정부로 일했다.

한 전기기술자는 와병 중인 부모를 봉양하기 위해 자신의 사회활동을 줄이고, 결혼을 연기하였으며, 부모의 병원비와 대학에 다니는 동생의 학비를 벌기 위해 야간작업을 했다.

10명의 가족을 부양하는 한 행상(行商)은 집마다 돌아다니면서 비누를 판 돈으로 부모의 의료비를 충당하였다.

신체장애인인 남편과 사는 부인은 와상 상태에 있는 시부모도 정성껏 부양하였다. 이 이야기들과 같이 자신의 부모를 위해 효행 자녀들은 불편, 곤경, 고통을 감내하였다. 많은 한국인은 빈곤한 생활을 하면서 효도하고 있다. 이들의 의무 수행은 그들의 신체적 및 재정적 능력을 초월한 희생적인 경우가 많다.

(4) 해석

이 글에서는 상이한 문화적 맥락에 속해있는 2개의 노부모 부양자 집단을 대상으로 부양 이유에 대해 비교한 결과를 논의하였다. 한국과 미국에서 동일한 조사 설계를 하여 같은 부양 이유 유형을 비교한 것이다. 각 문화에 친숙하고 민감한 연구자들이 자료를 수집하였으나, 자료를 수집한 시기는 서로 다르다. 기타 조사 방법상의 몇 가지 제한점을 보아, 본 연구의 결과는 제한된 맥락에서 일반화할 수 있다고 본다.

한국인과 미국인의 부양 이유를 비교함으로써 고령자 부양에 대한 이해를 넓히고자 하였다.

본 연구에서 다루어진 6가지 주요 부양 이유는 우리들의 머릿속에만 있는 관념적인 것이 아니라 실제 사회에서 실행되고 있는 효의 이념과 행동을 반영하는 것이다.

앞서 지적하였듯이 부모를 부양하는 이유(예: 부모님의 은혜를 갚기 위해서)는 부모의 은혜를 갚으려는 자녀의 '의지'와 은혜를 갚기 위해서 취하는 '행동의 유형'을 반영한다.

한국과 미국의 부양자 모두에게 있어 애정, 보은 및 책임이 공통적인 부양 이유로 나타난 사실은 인상적이라 하겠다. 서로 다른 문화에 속하는 성인 자녀 집단들은 문화적 배경, 사회구조 및 경제적 수준에서 차이를 보이지만, 동일한 부양 이유를 표출한 것이다.

그러나 한국인의 경우에는 미국인보다 이들 3가지 부양 이유를 더 중요시하였다. 애정-의무감-보은보다도 더 중요한 것이 무엇이겠는가? 다른 부양 이유는 아마도 그 중요성에 있어 이들 3가지 다음에 가는 것으로 간주하는 것이 옳을 것 같다.

다른 유형의 부양 이유에서도 두 집단 간에 차이를 보인다. 한국인에게는 존경, 가족 화합, 희생이 또 다른 주요 이유로 나타났다. 이들은 미국인들의 자료에서는 드러나지 않았다.

이상과 같이 본 연구에서는 문화적 차이에 관계없이 공통적인 부양 이유 3가지와 한국인 고유의 부양 이유 3가지를 각각 확인할 수 있었다.

부양 이유는 상대적 개념이다. 사실 미국인들도 부모에 대한 존경, 가족의 화합, 부모를 위한 희생을 중요시하고 있을 것이다. 구미(歐美) 사람들이 이러한 속성을 지니고 있다는 데 관해서는 이미 많은 글에서 언급하였다. 다만 본 연구에서 다룬 미국 자료에서는 그러한 요인들이 표출되지 않았다. 상이한 문화적 맥락에서 얻은 자료를 기초로 한 비교연구에서 나타나는 비교집단 간의 차이는 한 가지 규정된 방향만을 지적한다든지 또는 좌다 우다 하는 식의 일방적인 현상이 아니라 오히려 더 그렇다 또는 더 그렇지 않다는 식의 정도의 차이로 보아야 할 것이다.

부모를 부양하는 이유는 도덕적인 호혜성을 반영한다고 본다. 앞 장에서 논한 바와 같이 퇴계(退溪)는 부모와 자녀 간의 호혜적인 관계를 강조하였다. 그분은 이러한 관계를 일상생활 속에서 실천하는 것이 중요함을 지적하였다. 이와 비슷한 교훈을 서양의 Blenkner(1965)도 제시하였다. 즉 그는 부모 자녀 관계는 양자의 권리, 의무 및 욕구가 다 같이 존중받는 교호(交互)적인 방향으로 발전되어야 함을 지적하였다. 자녀가 부모를 보호·부양하고 부모가 자녀를 보살피는 것은 양자 사이에 자연적으로 나타나는 하늘이 주신 아름다운 현상이라고 했다.

오늘날 고령화 사회에서 부모 부양 의무를 재차 강조해야 한다는 소리가 높아지고 있다. 이렇게 사회적 관심이 커짐에 따라 부모 자녀 관계의 도덕성을 높일 필요성이 더해가고 있다. 자녀의 도덕성 발달은 부모가 자녀에게 어느 정도로 모범적 행동을 보여 동일시할 수 있는 모델이 되느냐에 달려있다. 따라서 젊은이들의 사회화(社會化)는 부모 자녀 관계의 소산(所産)이라고 할 수 있다. 윤리학자 Rawls(2005)는 심리학적 원리에 입각하여, "자녀의 부모에 대한 사랑은 그들이 부모로부터 받은 혜택을 인식할 때 갖게 된다."라고 하였다. 실제로 성인 자녀의 부모 부양을 하고자 하는 의지와 행동 사이에는 연관성이 있는 것이다(Sung, 2001).

효행자의 효 이념과 부모에게 제공한 돌봄 서비스는 연계되어 있다. 따라서 부모 자녀 관계에 있어 도덕성이 높을수록 자녀도 부모에 대해 도덕적인 행동을 할 가능성이 높아질 수 있는 것이다. 이 관계와 연계된 중요한 조건이 바로 이 책에서 되풀이해서 논의하는 부모 자녀 간의 호혜적(互惠的) 관계이다.

이상에서 한국인과 미국인의 부모 자녀 관계에 초점을 두고 두 문화에 공통적인 효행 이유와 각 문화 특유의 효행 이유가 갖는 의미와 실천에 대해 살펴보았다.

한국인 특유의 부양 이유에는 한국인의 부모와 고령자에 대한 태도와 행동에 강한 영향을 미친 한국의 문화적 전통이 함축되어 있다고 본다.

한국인은 이조(李朝) 시대 후기와 일제(日帝) 시대의 지속적인 사회정치적 불안과 전란을 겪는 과정에서 같은 역사적 배경, 언어 그리고 문화를 가진 국민으로서 국가적 통합을 중요시하고 가족을 우선시하는 강한 가족주의 의식을 갖게 되었다. 가족주의는 가족관계의 통합성을 유지하는 가치이며 효에 바탕을 둔 호혜적인 부모 자녀 관계를 중요시한다. 이러한 가치는 개인주의적 생활 양식을 지향하고, 젊음을 선호하며, 광활한 대지를 이동하기를 좋아하는 미국인의 가치와 대조된다.

미국인과 비교해 볼 때, 가족주의의 영향을 받는 한국인은 가족원들과 친밀한 정서적 관계를 맺는 경향이 강하다(성규탁, 2017; 송성자, 1997; 김한초 외. 1986). 이러한 관계망에서 성장한 한국인들은 효라는 전통적 부모 부양 이념을 실천에 옮긴다.

부모에 대한 존경, 가족 화합, 희생의 3가지를 포함한 한국인의 부모 부양 이유에는 가족주의 의식이 반영되어 있다. 한국에서는 게다가 노인 부양과 관련된 전통적 관행을 권장하기 위하여 민간과 정부가 협동하여 노력을 기울이고 있다. 경로 효친을 권장, 지령하는 법의 제정, 노인 공경 캠페인, 경로주간 그리고 효행자 포상은 이러한 국가·사회적 노력을 보여주는 예다. 이와 같은 사회공학(社會工學)적 노력의 기저를 이루는 것이 바로 효의 이념이다. 이런 문화적 배경을 가진 한국인은 같은 조건하에서라면 미국인보다 더 높은 수준의 부모 부양을 하게 될 것으로 본다.

비교문화적 조사에서는 복수의 조사 대상 간의 공통점과 차이점을 분석하는 것이 상례이다. 이런 조사를 위해서는 질적 자료만으로는 비교 대상자 간의 차이를 체계적으로 정확하게 식별하기가 쉽지 않다. 본 비교문화적 조사에서는 이러한 점을 고려하여 수량적 자료를 바탕으로 한국과 미국의 상이한 문화적 맥락에서 부모 부양을 하는 이유에 대한 공통점과 차이점을 식별해 보았다.

| 참고문헌 |

『노자(老子) 도덕경』, 1989, 박일봉 역편, 육문사.

『논어(論語)』, 1997, 이가원 감수, 홍신문화사.

『맹자(孟子)』, 1994, 이가원 감수, 홍신문화사.

『부모은중경(父母恩重經)』, 1994, 권오석 역해, 홍신문화사.

『성서(聖書)』

『예기(禮記)』, 1993, 권오순 역해, 홍신문화사.

『중용(中庸)』, 2000, 이가원 감수, 홍신문화사.

『효경(孝經)』, 1989, 박일봉(편역), 육문사.

고범서, 1992, 『가치관연구』, 나남.

고진영, 황인옥, 오희영, 2009, 「노인요양시설 거준인의 입소초기경험」,
        『한국노년학』, 29(2), 477-488.

교육과학기술부, 2011, 「도덕과 교육과정」 교육과학부기술부 고시 제
        2011-361호 (별책 6).

권경임, 2009, 『현대불교사회복지론』, 동국대학교출판부.

권중돈, 2004~2019, 『노인복지론(7판)』, 학지사.

금장태, 2001, 『퇴계의 삶과 철학』, 서울대학교출판부.

금장태, 2012, 『퇴계평전: 인간의 길을 밝혀준 스승』, 지식과 교양.

김경희, 2003, 『아동심리학』, 박영사.

김낙진, 2004, 『의리의 윤리와 한국의 유교문화』, 집문당.

김동배, 「노인과 자원봉사」, 한국노년학회(편), 『노년학의 이해』, 도서출판
        대영문화사, 254-264.

김명일, 김순은, 2019, 「노년기 부모자녀 결속 유형과 삶의 만족에 관한 연
        구」, 『한국노년학』, 39(1), 145-167.

김미혜 외, 2015, 『재가노인복지 20년, 도전과 대응』, 노인연구정보센터.

김미해, 권금주, 2008, 「며느리의 노인학대 과정에 관한 연구」, 『한국노년학』, 28(3), 403-424.

김민경, 김미혜, 김주현, 정순돌, 2016, 「장기요양기관 요양보호사의 노인 인권옹호행동 영향요인: 개인의 인권의식과 조직의 서비스지향성을 중심으로」, 『한국노년학』, 36(3), 673-691.

김성희, 남희은, 박소진, 2012, 「요양보호사의 직무만족이 서비스에 미치는 영향」, 『한국콘텐츠학회논문지』, 12(4), 282-291.

김시우, 2008, 『성경적 효 입문』, 다시랑.

김영란, 황정임, 최진희, 김은경, 2016, 『부자가족의 가족역량 강화를 위한 지원방안 연구』, 한국여성정책연구원.

김영범, 박준식, 2004, 「한국노인의 가족관계망과 삶의 만족도」, 『한국노년학』, 24(1), 169-185.

김익기 외, 1999, 『한국노인의 삶』, 미래인력연구센터.

김인자 외 옮김, 2008, 『긍정심리학』, 물푸레(M. E. P. Seligman, *Authentic Happiness*, 2002, Free Press).

김재엽, 1998, 「한국노인부부의 부부폭력실태와 사회인구학적 관계 연구」, 『한국노년학』, 18(1), 170-183.

김한초, 한남제, 최성재, 유인희, 1986, 『한국가족의 표준모형개발』, 한국정신문화연구원.

김형태, 2008, 『21세기를 위한 자녀교육』, 태양출판사.

김형호, 최진덕, 정순우, 손문호, 심경호, 1997, 『退溪의 사상과 그 현대적 의미』, 한국정신문화연구원.

나병균, 1985, 「향약과 사회보장의 관계」, 『사회복지학회지』, 7, 21-50.

남석인 외, 2018, 「사회복지사의 비윤리적 행위에 대한 대응책 개발」, 『한국사회복지행정학』, 20(4), 139-174.

도성달, 2012, 『서양윤리학에서 본 유학』, 한국중앙연구원.

도성달, 2013, 『윤리, 세상을 만나다』, 한국중앙연구원.

대한노인회, 2016, 「경로당 활성화 실태조사」.

대한민국국회교육과학기술위원회, 2012, 「교육비부담현황보고서」.

류승국, 1995, 「효와 인륜사회」, 『효사상과 미래사회』, 한국정신문화연구원.

모선희, 2000, 『효윤리의 현황과 과제, 현대사회와 효의 실천방안』, 한국노인문제연구소.

박영란, 2000, 『효관련 연구의 현황과 과제, 현대사회와 효의 실천방안』, 한국노인문제연구소.

박재간, 1989, 『전통적 사상과 현대적 의의, 전통윤리의 현대적 조명』, 한국정신문회연구원.

박종홍(朴鍾鴻), 1960, 『퇴계의 인간과 사상』, 국제문화연구소.

보건복지부, 2007, 「노인학대상담사업 현황보고서」.

보건복지부, 2009, 「2008년도 노인실태조사: 전국노인생활실태 및 복지요구조사」.

보건복지부, 2014, 「2014~2010년도 노인실태조사: 전국노인생활실태 및 복지욕구조사」.

성규탁 역, 1985, 『사회복지행정조직론』, 박영사(Y. Hasenfeld, 1983, *Human Service Organizations*, Prentice-Hall).

성규탁, 1989, 「현대한국인의 효행에 관한 연구」, 『한국노년학』, 9, 28-43.

성규탁, 1990, 「한국노인의 가족중심적 상호부조망」, 『한국노년학』, 10, 163-181.

성규탁, 1994, 「한국인의 가족지향성, 현대사회와 사회사업」, 『우계어윤배박사회갑기념논문집』, 7-28.

성규탁, 1995, 『새시대의 효』, 연세대학교출판부.

성규탁, 1995, 「한국인의 효행의지와 연령층들 간의 차이」, 『한국노년학』, 15(1), 1-14.

성규탁, 2000, 「노인을 위한 가족의 지원: 비교문화적 고찰」, 『사회복지』, 45, 175-192.

성규탁 2001. 「어른존경방식에 대한 탐험적 연구」, 『한국노년학』, 21(2), 125-139.

성규탁, 2005, 『현대 한국인의 효: 전통의 지속과 표현의 변화』, 집문당.

성규탁, 2013, 『'부모님, 선생님 고맙습니다'로 시작하는 효』, 한국학술정보.

성규탁, 2014, 『한국인의 세대 간 서로돌봄(전통·변화·복지)』, 집문당.

성규탁, 2017, 『효행에 관한 조사연구』, 지문당.

성규탁, 2019, 『부모님을 위한 돌봄』, 한국학술정보.

성규탁, 2019, 『한국인의 어른에 대한 올바른 존중』, 한국학술정보.

성기월, 2005, 「무료양로-요양시설 간호사의 업무내용과 직무만족도」, 『지역사회간호학회지』, 1(3).

손인수, 1976, 『한국유학사상과 교육』, 삼일각.

손인수, 1992, 『한국인의 가치관: 교육가치관의 재발견』, 문음사.

송복, 1999, 『동양의 가치란 무엇인가: 논어의 세계』, 미래인력연구센터.

송성자, 1997, 「한국문화와 가족치료」, 『한국사회복지학』, 32, 160-180.

신석산, 2012, 『효운동 10년, 1%의 성공』, 전망.

신용하, 2004, 『21세기한국사회와 공동체문화』, 지식산업사.

신용하, 장경섭, 1996, 『21세기 한국의 가족과 공동체 문화』, 집문당.

신환철, 1995, 「인간화를 위한 관료제 개혁」, 『사회과학연구』, 21(95-2), 25-46.

심미옥, 2003, 「초등학교학부모의 자녀지원활동에 관한 연구」, 『초등교육연구』, 16(2), 333-358.

양옥경 외 옮김, 『사회복지와 탄력성』, 나눔의집(R. Greene, *Resiliency: An Integrated Approach to Practice, Policy, and Research*, NASW Press, 2001).

이경자 외, 2004, 「노인전문간호사의 역할」, 『노인간호학회지』, 6(1), 125-133.

윤사순, 2008, 『퇴계이황』, 예문동양사상연구원.

윤성범, 1975, 『현대와 효도』, 을유문화사.

윤현진, 추병환, 정창우, 2009, 『도덕과 교육내용 개선방안 연구』, 한국교육과정평가원,

윤태림, 1970, 『한국인의 의식구조』, 문음사.

이부영, 1984, 「한국인 성격의 심리학적 고찰」, 이부영 외, 『한국인의 성격』, 고려원, 5-64.

이광규, 1981, 『한국가족의 구조분석』, 일지사.

이광규, 1990, 『한국가족의 구조분석』, 일지사.

이창숙, 하정화, 2019, 「경로당이용여성노인의 친구·이웃 집단따돌림 현상 연구」, 「한국노년학」, 38(3), 485-515.

이연숙, 2011, 「체험주의의 초등도덕교육에 대한 함의연구」, 『초등교육연구』, 24(3), 51-72.

이희경, 2010, 『유아교육개론』, 태양출판사.

양옥경 외, 2018, 『사회복지실천론』(5판), 나남.

오석홍, 2016, 『인사행정론』, 박영사.

오세철, 1982, 『한국인의 사회심리』, 박영사.

원영희, 모선희, 1998, 「노인복지관에 관한 연구: 현황과 발전방안」, 『한국노년학』, 18(2), 64-79.

유성호 외, 2016, 「노인요양시설 입소노인에 대한 여성요양보호사의 폭력경험에 대한 탐색적 연구」, 『한국노년학』, 36(4), 1037-1058..

유영림, 김명성, 배영미, 2018, 「노인생활시설 사회복지슈퍼비전과 발전방안에 대한 질적사례연구」, 『사회복지행정학』, 20(1), 107–149.

유영익, 1992, 『한국근현대사론』, 일조각.

유종해, 이득로, 2015, 『현대조직관리』, 박영사.

윤경아, 2000, 가족부양, 노인복지론, 아시아미디어리서치.

이경희, 2016, 「요양시설노인과 요양보호사에 있어 식사의 의미」, 『한국노년학』, 36(4), 1157-1176.

이광규, 김태현, 최성재, 조흥식, 김규원. 1996. 『가족의 관계역동성과 문제인식』, 집문당.

이상은, 1965, 『퇴계의 생애와 학문』, 예문서원.

이수원, 1984, 「한국인의 인간관계구조와 정」, 『교육논총』, 1, 95-125.

이순민, 2016, 『사회복지윤리와 철학』(2판), 학지사.

이승호, 신윤미, 2018, 「공적돌봄과 가족돌봄의 종단적 관계: 재가노인돌봄을 중심으로」, 『한국노년학』, 38(4), 1035-1055.

이부영(1983), 「한국인의 성격의 심리학적 고찰, 한국인의 윤리관」, 한국정신문화연구원, 227-269.

이희경, 2010, 「유아교육개론」, 태양출판사.

임진영, 2003, 「어머니의 양육태도와 아동의 자아개념이 아동의 대인관계에 주는 영향」, 「초등교육연구」, 16(1), 379-399.

이이(李珥), 한국정신문화연구원 옮김, 1985, 『율곡전서(栗谷全書)』, 한국정신문화연구원.

이정덕, 1981, 「한국에서의 이상적 가족에 관한 구세대와 신세대의 다른 가치관에 관한 비교연구」, 『성곡논총』, 12.

이준우, 선문진희, 2016, 『재가노인복지, 재가노인을 위한 사회서비스』, 파란마음.

이혜자, 김윤정, 2004, 「부부관계가 노년기 삶의 질에 미치는 영향」, 『한국노년학』, 24(4), 197-214.

이황(李滉), 윤사순 역주, 2014, 『퇴계선집』, 현암사.

이황(李滉), 이광호 옮김, 1987, 『성학십도』, 홍익출판사.

이황(李滉), 장기근 역해, 2003, 『퇴계집(退溪集)』, 홍신문화사.

「일본사회복지사윤리강령」, 2006.

일본민법 IV, 「친족상속법」.

임태섭, 1994, 「체면의 구조와 체면욕구의 결정요인에 대한 연구」, 『한국언론학보』, 32, 207-247.

전미경, 짐정현, 2008, 「초등교과서에 재현된 노인에 대한 연구」, 『한국노년학』, 28(3), 663-685.

정경배, 1999, 「21세기 노인복지정책 방향」, 『노인복지정책연구』, 한국보건사회연구원.

정경희, 강은나, 2016, 「한국노인의 사회적 연계망 유형」, 『한국노년학』, 36(3), 765-783.

지교헌, 1988, 『한민족의 정신사적 기초』, 한국정신문화연구원.

정순돌, 이현주, 김곤은, 최여희, 2008, 「경로당 임원노인에게 있어 리더십에 관한 연구」, 『한국노년학』, 28(1), 197-218.

정순목, 1990, 『퇴계의 교육철학』, 지식산업사.

정승은, 이순희, 2009, 「노인요양시설 간호사의 실무경험」, 『간호행정학회지』, 15(1), 116-127.

정현숙, 옥선화, 2015, 『가족관계』, KNOU Press.

조석준, 1994, 『한국행정학과 조직문화』, 대영문화사.

조지현, 오세균, 양철호, 2012, 「아시아4개국의 노인부양의식 및 노인부양 행위에 관한 비교연구」, 『사회연구』, 22, 7-42.

최문형, 『한국전통사상의 탐구와 전망』, 2004, 경인문화사.

최상진, 2012, 『한국인의 심리학』, 학지사.

최상진, 1985, 「사회적 측면에서 본 한국인의 인간관계」, 『중앙대문리대학 보』, 43, 26-31.

최상진, 김기범, 2011, 『문화심리학-현대한국인의심리분석』, 지식산업사.

최상진, 유승엽, 1992, 「한국인의 체면에 대한 사회심리학적 분석」, 『한국 심리학회지: 사회 및 성격』, 6(2), 137-157.

최연실 외, 2015, 『한국가족을 말한다: 현상과 쟁점』, 도서출판 하우.

최재석, 1982, 『한국가족연구』, 일지사.

최재석, 1994, 『한국가족연구』(개정판), 일지사.

최재석, 2009, 『한국의 가족과 사회』, 경인문화사.

최재성, 2016, 『노인요양원과 문화변화』, 아산재단연구총서, 집문당.

최정혜, 1998, 「기혼자녀의 효의식, 가족주의 및 부모부양의식」, 『한국노년학』, 18(2), 47-63.

최혜경, 2006, 「가족법 개정운동에 비춰 본 한국의 가족제도」, 아산사회복지재 단 편, 『오늘의 한국가족 어디로 가고 있나?』, 아산사회복지재단, 65-72.

편상훈, 이춘실, 2008, 「울산광역시 노인요양시설 운영에 문제점과 개선방안」, 『한국행정논집』, 20(1), 261-287, 「통계청사회조사」, 2008-2014.

한경혜, 성미애, 진미정, 2014, 『가족발달』, KNOU Press.

한경혜, 주지현, 이정화, 2008, 「조손가족 조모가 경험하는 손자녀 가족의 보상과 비용」, 『한국노년학』, 28(4), 147-164.

한경혜, 1998, 「만성질환노인의 부양체계로서의 가족의 역할: 21세기 변화 전망 및 지원책 모색」, 「한국노년학」, 18(1), 46-58.

한국개발원, 1985, 『2000년을 향한 국가장기개발구상 총괄보고서』, 한국개발원.

한국갤럽, 2010.12.10., 「한국인의 효」.

한국갤럽, 2011.01.31., 「한국인의 효」.

한국노인문제연구소, 1985, 「한국효행실록」.

한국노인문제연구소, 2000, 「현대사회와 효의 실천방안」.

한국사회복지사협회 윤리강령, 2012.

한국사회복지학회, 2015, 「한국사회복지교육」, 신정.

한국사회복지협의회, 2018.5(제117호), 「공동체의식으로 커뮤니티케어 꽃 피우자」, 『복지저널』, 한국사회복지협의회.

한국사회복지협의회, 2018.10(제122호), 「민·관협력으로 커뮤니티케어 완 성하자」, 『복지저널』, 한국사회복지협의회.

한국사회복지사협회, 「윤리강령」, 2012.

한국노년학회, 「2018년후기 학술대회 발표」, 26-30.

한국보건사회연구원, 2016, 「가족형태 다변화에 따른 부양체계 변화전망과 공사 간 부양부담 방안」(책임연구원 김유경).

한국청소년개발원, 2011, 『청소년심리학』, 교육과학사.

한동희, 2002, 「노인학대의 의미와 사회적 개입에 대한 노인들의 인식연구」, 『한국사회복지학』, 50, 193-208.

한정란, 2003, 「청소년들의 노인에 대한 태도 연구」, 『한국노년학』, 23(4), 181-195.

한형수, 2011, 『한국사회 도시노인의 삶의 질 연구』, 청록출판사.

헌준수, 2018, 「초고령사회에 대비한 노인종합복지관의 대응전략」, 『한국 노년학회 2018년후기 학술대회 발표집』, 26-30.

황진수, 2011, 『노인복지론』, 공동체.

효도실버신문, 2018.8.13. (제208호).

Anderson, M. L., & Taylor, H. F., 2010, *Sociology, The Essentials*, University of Chicago Press.

Aquinas, T., 1981, *Summa Theologica*, Westminster, MD: Christian Classics. Question 106, Article 5.

Becker, L. C., 1986, *Reciprocity*, New York: Routledge & Kegan Paul.

Bengtson, V. L., 1989, "The problem of generations: Age group contrasts, continuities, and social change", (In) V. L. Bengtson & K. W. Schaie (Eds.), *The Course of Later Life: Research and Reflections*. New York: Springer.

Beveridge Report (The) *Social insurance and allied services*, 1942. CMD 6404, HMSD, London.

Bisman, C., 2004, "Social work value: The core of the profession", *British Journal of Social Work*, 34, 109-123.

Blenkner, M., 1965, "Social Work and Family Relationships in Later Life with Some Thoughts on Filial Maturity", (In) E. Shanas & G. F. Streib (Eds.), *Social Structure and the Family: Generational Relations*, Englewood Cliffs, NJ: Prentice-Hall. 117-130.

Campton, B., & Galaway, B., 1984, *Social Work Process*, 3rd Ed., Chicago, IL: Dorsey Press.

Chow, N., 1995, "*Filial piety in Asian Chinese communities*", Paper presented at 5th Asia/Oceania Regional Congress of Gerontology, Honk Kong, 20 November.

Cicirelli, S., 2011, *Psychology*, Boston: Pearson.

Cogwill, D. O., & Holmes, L. D., 1972, *Aging and modernization*, New York: Appleton-Century-Crofts.

Connidis, I. A., 2001, *Family ties and aging*, Sage.

Cooley, C. H., 1998, *Social organizations: A study of larger mind*, University of Chicago Press.

Cox, H. G., 1990, "Roles for aged individuals in post-industrial societies", *International Journal of Aging and Human Development*, 30, 55-62.

De Vos, G. A., 1988, "Confucian family socialization: Religion, morality and propriety", (In) D. J. Okimoto, & T. R. Rohren(Eds.), *Inside the Japanese system: Readings on contemporary society and political economy*, Stanford University Press.

Dillon, R. S., 1992, "Respect and care: Toward moral integration", *Canadian Journal of Philosophy*, 22(1), 105-132.

Doty, P., 1986, "Family care for the elderly", *The role of public policy The Milbunk Quarterly*, 64, 34-75.

Downie, R. S., & Telfer, E., 1969, *Respect for persons*, London: Allen and Unwin.

Emmons, R. A., & McCullough, M. E., 2008, *Thanks!: How practicing gratitude can make you happier*, Boston: Houghton Mifflin.

Etzioni, A.(ed.), 1983, *The semi-professions and their organizations*, New York: Free Press.

Finkel, A., 1982, "Aging in Jewish Perspective", (In) F. V. Tiso (Ed.), *Aging: Spiritual Perspective*, Lake Worth, FL: Opera Pia International/Sunday Publications. 122.

Fromm, E., 2006, *The Art of Loving*, New York: Harper and Row.

Gambrill, E., 1983, *Casework: A competency-based approach*, Englewood Cliffs, NJ: Prentice-Hall.

Goldstein, H., 1998, "Education for ethical dilemmas in social work practice", *Families in Society*, 79, 241-253.

Hasenfeld, Y., 1983, *Human service organizations*, Englewood Cliffs: Prentice Hall.

Hasenfeld, Y., 2009, *Human services as complex organizations*, Sage.

Hashimoto, A., 2004, "Culture, power, and the discourse of filial piety in Japan: The disempowerment of youth and its social consequences", (In) C. Ikels. (Ed.), *Filial Piety*, Stanford University Press.

Heady, K., 2002, "Managing in a market environment", *British Journal of Social Work*, 32(5), 527-540.

IAGG(International Association of Gerontology & Geriatrics), 2013, "*20th*

World Congress Proceedings", Seoul, Korea.

Katz, D., & Kahn, R. L., 1978, *The social psychology of organizations*, New York: John Wiley.

Kim, U., Triandis, H. C., Kagichobasi, C., & Choi, S. C., 1994, *Individualism and Collectivism: Theory. method, and application*, Beverly-Hills, CA: Sage.

Koyano, W., 1996, "Filial piety and intergenerational solidarity in Japan", *Australian Journal of Ageing*, 15, 51-56.

Levy, B. R., 1999, "The inner-self of the Japanese elderly: Defense against negative stereotypes of aging", *International Journal of Aging and Human Development*, 48, 132-144.

Levy, C., 1982, *Guide to ethical decisions and actions for social service administrators*, New York: Haworth Press.

Lewis, B., 2005, *What Do You Stand For? For Kids*, Free Spirit Publishing.

Lewis, B., 2005, *Teaching Gratitude in the Early Years—When Do Kids Get It?*, Minneapolis, MN: Free Spirit Publishing.

Lewis, R. A., 1990, "The adult child and older parents", (In) T. H. Brubaker (Ed.), *Family relationship in later life*, Sage.

Likert, R., 1961, *New patterns of management*, New York; McGrow-Hill.

Likert, R., 1967, *Human organization*, New York: McGraw=Hill.

Litwak, E., 1985, *Helping the elderly: The complementary networks & formal systems*, New York: The Gulford Press.

Manheim, H, L., & Simon, B. A., 1977, *Sociological research: Philosophy and methods*, Homewood, IL: Dorsey Press.

Mayo, E., 1933, *The human problems in an industrial civilization*, New York: Macmillan.

Myrdal, G., 1958, *Value in social theory*, P. Streeten, (Ed.), New York: Harper.

NASW(National Association of Social Workers, U.S.A.), 2019, "*Code of Ethics*".

Netting, J. E., Kettner, P. M., & McMurtry, S. L., 2016, *Social work macro-practice*, 6th Ed., New York: Longman.

Novick, L. J., 1981, "How Traditional Judaism Helps the Aged Meet Their Psychological Needs", (In) C. LeFevre & P. LeFevre (Eds.), *Aging and the Human Spirit*, Chicago: Exploration Press.

Nydegger, C. N., 1986, "Familly Ties of the Aged in Cross-Cultural Perspective", *The Gerontologist*, 23, 26-32.

Palmore, E. B., & Maeda, D., 1985, *Other Cultures, Elder Years,* Durham, NC: Duke University Press.

Palmore, E. B., 1989, *Ageism: Negative and Positve*, New York: Springer.

Payne, B. K., 2011, *Crime and elder abuse: An integrated perspective*, Springfield, IL: C. C. Thomas.

Pedersen, P. B., 1983, "Asian personality theory", (In) R. J. Corsica & A. J. Marsella (Eds.), *Personality Theories, Research, and Assessment*, Itasca: Peacock.

Pillemer, K. A., & Finkelhor, D., 1988, "The prevalence of elder abuse", *The Gerontologist*, 28, 51-57.

Queresi, H., & Walker A., 1989, *The caring relationship: Elderly people and their families*, New York: McMillan.

Rawls, J., 2005, *A Theory of Justice*, Cambridge, MA: Harvard Univ. Press.

Rice, E. P., 1984, *The adolescent: Development, relationships, and culture*, Boston: Allyn & Bacon.

Rogers, C., 1961, *On becoming a person*, Boston: Houghton Mifflin.

Roland, A., 1989, *In Search of Self in India and Japan*, Princeton University Press.

Ryan, M. J., 1999. *Attitudes of Gratitude*, San Francisco: Conari.

Sidgwick, H., 1983, "Filial Morality", *The Journal of Philosophy*, 83(8), 439-456.

Simmel, O. S., 2008, *The web of group affiliation*, New York: Free Press.

Streib, G. F., 1987, "Old age in sociocultural context: China and the United States", *Journal of Aging Studies*, 7, 95-112.

Sung, K. T., 1990, "A new look at filial piety: Ideals and practice of family-centered parent care in Korea", *The Gerontologist*, 30, 610-617.

Sung, K. T., 1992, "Motivations for parent care: The case of filial children in

Korea", *International Journal of Aging and Human Development*, 34, 179-194.

Sung, K. T., 1995, "Measures and dimensions of filial piety", *The Gerontologist*, 35, 240-247.

Sung, K. T., 1998. "An exploration of actions of filial piety", *Journal of Aging Studies*, 12, 369-386.

Sung, K. T., 2001, "Family support for the elderly in Korea", *Journal of Aging and Social Policy*, 12, 65-79.

Sung, K. T., & Dunkle, R. E., 2009, "How social workers demonstrate respect for elderly clients", *Journal of Gerontological Social Work*, 53, 250-260.

Sung K. T., & Hagiwara, S., 2009, *Japanese young adults and elder respect: Exploration of forms and expressions*, University of Michigan-Hosei University.

Sung, K. T., & Kim, B. J., 2009, *Respect for the elderly: Implications for human service providers*, Lanham, MD: University Press of America.

Sung K. T., & Yan, G., 2007, *Chinese young adults and elder respect,* University of Michigan-Shanghai University.

Titmuss, R. M., 1976, *Essays on the welfare state*, Policy Press.

Tomita, S., 1994, "Consideration of cultural factors in the research of elder mistreatment with an in-depth look at the Japanese", *Journal of Cross-Cultural Gerontology* 9, 39-52.

Tu, W. M., 1995, "Humanity as embodied love: Exploring filial piety in a global ethical perspective", (In) *Filial Piety in Future Society,* Gyonggido: South Korea: The Academy of Korean Studies.

Weber, M., 1962, *Basic conceepts in sociology*, (Trans.) H. A. Secher, New York: The Citadel Press.

Wenger, G. C., 2002, "Using network variation in practice: Identification of support network type", *Health and Social Care in the Community*, 10, 28-35.

ㅣ찾아보기ㅣ

성규탁 (成圭鐸, Kyu-taik Sung) ───────────

e-mail: sung.kyutaik@gmail.com

충북 청주중학교 & 고등학교 졸업
서울대학교 문리과대학 & 대학원 졸업(BA, MA)
3·1 문화재단 창립시 사무국장
University of Michigan 사회사업대학원 졸업(MSW)
University of Michigan 대학원 졸업(Ph.D.)
(전) University of Wisconsin-Madison 사회사업대학원 교수
연세대 사회복지학과 교수(창립시 학과장)
연세대 사회복지연구소 창립시 소장
University of Chicago Fellow(동아시아가족 및 사회복지행정 연구)
한국사회복지학회장, 한국노년학회장
Michigan State University 사회사업대학원 전임교수
University of Southern California 사회사업대학원 석좌교수
    (Frances Wu Endowed Chair Professor)
    (동아시아가족복지 및 사회복지행정 연구)
Elder Respect, Inc.(敬老會) 대표
사회복지교육실천포럼 대표
한국복지경제연구원효문화연구소 대표
한국사회복지사협회원로회 공동위원장
서울중화노인복지관 운영위원장
서울강남시니어클럽(노인일자리마련기관) 운영위원장

〈저서(국문): 효 관련〉
『새 時代의 孝』, 연세대출판부, 1995. (연세대학술상수상)
『새 시대의 효 Ⅰ』, 문음사, 1996. (아산효행상수상)
『새 시대의 효 Ⅱ』, 문음사, 1996. (문화공보부추천도서)
『새 시대의 효 Ⅲ』, 문음사, 1996.
『현대 한국인의 효』, 집문당, 2005. (대한민국학술원선정우수도서)
『한국인의 효 Ⅰ』, 한국학술정보, 2010.
『한국인의 효 Ⅱ』, 한국학술정보, 2010.
『한국인의 효 Ⅲ』, 한국학술정보, 2010.
『한국인의 효 Ⅳ』, 한국학술정보, 2010.
『한국인의 효 Ⅴ』, 한국학술정보, 2010.
『어른을 존중하는 중국, 일본, 한국 사람들』, 한국학술정보, 2011.
『어떻게 섬길까: 동아시아인의 에티켓』, 한국학술정보, 2012.
『한국인의 서로돌봄: 사랑과 섬김의 실천』, 한국학술정보, 2013.
『부모님, 선생님 "고맙습니다"로 시작하는 효』, 한국학술정보, 2013.

『한국인의 세대간 서로돌봄: 전통-변천-복지』, 집문당, 2014.
『한국인의 효에 대한 사회조사』, 집문당, 2015.
『효행에 관한 조사연구』, 집문당, 2016.
『효, 사회복지의 기틀: 퇴계의 가르침』, 문음사, 2017.
『부모님을 위한 돌봄: 사적 돌봄과 공적 돌봄의 연계』, 한국학술정보, 2019.
『한국인의 어른에 대한 올바른 존중』, 한국학술정보, 2019.

〈저서(국문): 사회복지 관련〉
『사회복지행정론』, 법문사.
『사회복지행정론』(역서), 한국사회개발연구원.
『산업복지론』, 박영사.
『정책평가』, 법영사.
『사회복지조직론』(역서), 박영사.
『사회복지사업관리론』(역서), 법문사.
『사회복지임상조사방법론』, 법문사.
『사회복지실천평가론』, 법문사. 외

〈저서(영문)〉
「*Care and respect for the elderly in Korea: Filial piety in modern times in East Asia*」 *[한국의 노인 돌봄 및 존중: 현대 동아시아의 효행]*, Seoul: Jimoondang, 2005.

「*Respect and care for the elderly: The East Asian way*」 *[노인에 대한 존경과 돌봄: 동아시아적 방법]*, Lanham, MD: University Press of America, 2007.

「*Respect for the elderly: Implications for human service providers*」 *[노인존중: 사회복지사를 위한 참고자료]*, Lanham. MD: University Press of America, 2009.

「*Advancing social welfare of Korea: Challenges and approaches*」 *[한국의 발전하는 사회복지: 도전과 접근]*, Seoul: Jimoondang, 2011.

〈논문(국내)〉
『사회복지학회지』
『연세사회복지연구』
『사회복지』
『한국정신문화연구원논총』
『한림과학원총서』
『승곡논총』
『한국노년학』
『노인복지정책연구총서』 등에 발표

〈논문(해외)〉
Journal of Social Service Research

Administration in Social Work
International Social Work
Society and Welfare
Social Indicators Research
Journal of Family Issues
Journal of Applied Social Sciences
Journal of Poverty
The Gerontologist
Journal of Aging Studies
International Journal of Aging & Human Development
Journal of Gerontological Social Work
Journal of Elder Abuse & Neglect
Journal of Cross-Cultural Gerontology
Journal of Aging & Social Policy
Educational Gerontology
Ageing International
Journal of Aging and Identity
Journal of Aging, Humanities, and the Arts
Journal of Religious Gerontology
Hong Kong Journal of Gerontology
Australian Journal on Ageing
The Southwest Journal of Aging
International Journal of Social Research & Practice: Dementia
Public Health Reports
Public Health Reviews
Health and Social Work
Studies in Family Planning
Children and Youth Service Review
Child Care Quarterly
Child Welfare 등에 발표

현대 한국인의 노후 돌봄

초판인쇄 2020년 01월 31일
초판발행 2020년 01월 31일

지은이 성규탁
펴낸이 채종준
펴낸곳 한국학술정보㈜
주소 경기도 파주시 회동길 230(문발동)
전화 031) 908-3181(대표)
팩스 031) 908-3189
홈페이지 http://ebook.kstudy.com
전자우편 출판사업부 publish@kstudy.com
등록 제일산-115호(2000. 6. 19)

ISBN 978-89-268-9825-3 93330